감수 · 오준호(한국과학기술원 기계공학과 교수)
휴머노이드로봇연구센터 소장, 산업자원부 로봇정책자문위원.
2004년 휴머노이드 로봇 '휴보'를 개발하여 벤처기업대상 중소기업청장상, 올해의 KAIST인 상을 수상했습니다.
2005년 안드로이드형 로봇 '알버트 휴보'와 사람이 탈 수 있는 로봇 '휴보 FX-1'을 개발했습니다.
2006년 외무부장관과 정보통신부장관으로부터 APEC 공로 표창을 받았고,
2007년 제3회 한빛대상 과학기술부문 대상을 수상했습니다.

지음 · 김수경
서울대학교 졸업 후 잡지와 방송에 글을 쓰다가 어린이 책을 쓰기 시작했습니다. 지은 책으로는
《덩키호테 박사의 종횡무진 과학모험(현4권)》《행복한 부자가 되는 소녀 경제 이야기 65》,
〈과학백과〉 시리즈의 《로봇백과》《바다해저백과》《드론백과》《인공지능백과》 등이 있습니다.

그림 · 임지윤
대학에서 디자인 전공 후 일러스트레이터로 활동했으며, 미국에서 회화를 공부했습니다.
작품으로는 《이야기하며 동물 접기》《예쁜 공주에게 들려주는 행복한 이야기》 등이 있습니다.

2025년 6월 10일 개정판 10쇄 펴냄

지음 · 김수경 **그림** · 임지윤
감수 · 오준호(한국과학기술원 기계공학과 교수)

펴낸이 · 이성호
펴낸곳 · (주)글송이

편집/디자인 · 임주용, 최영미, 오영인, 이강숙, 김시연
마케팅 · 이성갑, 윤정명, 이현정, 문헌곤, 이동준
경영지원 · 최진수, 이인석, 진승현

출판 등록 · 2012년 8월 8일 제2012-000169호
주소 · 서울시 서초구 능안말1길 1 (내곡동)
전화 · 578-1560~1 **팩스** · 578-1562
이메일 · gsibook01@naver.com

ⓒ글송이, 2015

ISBN 979-11-7018-083-8 74400
      979-11-86472-78-1 (세트)

7~10세

우리아이 **창의력**을 키워 주는
신기한
로봇백과

김수경 지음, 임지윤 그림
오준호(한국과학기술원 기계공학과 교수) 감수

글송이

감수의 글

미래 세상을 함께할 '로봇'

얼마 전 신문에서 우리나라 어린이와 청소년들이 미래에 가장 발명하고 싶은 것으로 '로봇'을 꼽았다는 기사를 읽었습니다. 현재의 로봇 박사로서 흐뭇한 한편 미래 로봇 박사들이 로봇을 배우고 익힐 터를 더욱 많이 마련해야겠다는 생각 또한 들었습니다. 하나의 로봇이 탄생되기 위해서는, 첨단과학과 관련된 모든 학문의 연구원들이 똘똘 뭉쳐 엄청난 시간과 노력을 기울여야만 하지요. 현재 우리나라는 이미 세계 최고 수준을 자랑하는 로봇 선진국으로 우뚝 섰습니다. 어린이 여러분이 그 로봇 박사들의 명맥을 이어나갈 로봇 꿈나무로 자라는 데 이 책이 좋은 터와 거름이 되어 줄 것입니다. 머지않은 미래에 '로봇 박사'로, '로봇 친구'로 한자리에 서게 될 여러분을 기다리겠습니다.

한국과학기술원 기계공학과 교수 오 준 호

머리말

로봇 친구들을 만나요!

요즈음, 로봇이 날로 발전하고 있어요.
수많은 과학자가 로봇을 만드는 일에 신이 나서 매달려 있거든요.
벌써 여러 가지 로봇이 세상에 나와 있지요.
일하는 로봇, 탐험하는 로봇, 애완 로봇, 의사 로봇 등 많은 로봇이
우리 곁에 있어요. 그리고 우리의 상상을 뛰어넘는 로봇들이
태어날 준비를 하고 있지요.
여러분이 살아갈 미래 세상은 로봇과 사람이 함께 살아가는 세상이
될 거예요. 로봇이 만화영화 속에서 튀어나와 우리 생활 속으로
뚜벅뚜벅 걸어 들어오고 있어요.
잠깐, 로봇을 마중하러 가기 전에 먼저 책 속에서 로봇 친구들을
만나 볼까요?

지은이 김 수 경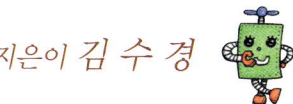

차례

1 로봇이란 무엇일까요? · *13*

로봇이란 무엇일까요? · 14
로봇을 왜 만들었어요? · 16
로봇이란 이름은 누가 지었어요? · 18
옛날 로봇은 어떻게 생겼어요? · 20
로봇은 어떻게 움직일까요? · 22
로봇은 어떻게 발전해 왔어요? · 24
나라마다 로봇에 대한 생각이 달라요? · 26
우리나라 공장에 로봇이 언제 등장했나요? · 28
로봇도 지켜야 할 법이 있어요? · 30
사이보그가 뭐예요? · 32
만화영화에는 어떤 로봇들이 나와요? · 34
영화에는 어떤 로봇들이 나와요? · 36

2 신기한 로봇의 종류 · *39*

– 내 친구 로봇 · 40
로봇 장난감도 로봇이에요? · 42
애완 로봇도 있어요? · 44

우리나라에도 강아지 로봇이 있나요? · 46
진짜 고양이 같은 로봇이 있을까요? · 48

로봇이랑 어떻게 팔씨름을 해요? · 50
책을 읽어 주는 로봇이 있나요? · 52
로봇과 함께 공부할 수 있을까요? · 54
- 일하는 로봇 · 56
로봇은 언제부터 공장에서 일했어요? · 58

일하는 로봇은 어떻게 생겼나요? · 60
로봇 팔은 무슨 일을 할까요? · 62
로봇이 농사일도 해요? · 64
집안일 로봇은 어떤 일을 할까요? · 66
멀리서도 로봇을 조종할 수 있나요? · 68

청소 로봇은 왜 인기가 있을까요? · 70
- 탐사 로봇 · 72
최초의 화성 탐사 로봇은 뭐예요? · 74
바다 보물을 찾는 로봇이 있어요? · 76
로봇이 남극에도 갈 수 있나요? · 78

화산을 탐사하는 로봇이 있어요? · 80
폭탄을 없애 주는 로봇도 있나요? · 82
로봇이 전쟁에 나갈 수 있어요? · 84
꼬마 로봇은 어떤 일을 할까요? · 86
사람을 구조하는 로봇도 있나요? · 88
– 의사 로봇 · 90

의사 로봇도 수술할 수 있나요? · 92
재활 로봇은 무슨 일을 해요? · 94
로봇이 할머니, 할아버지의 친구가 될 수 있을까요? · 96
로봇이 사람의 몸속에 들어갈 수 있나요? · 98
– 휴머노이드 로봇 · 100

세계 최초 휴머노이드 로봇은 뭐예요? · 102
우리나라 최초 휴머노이드 로봇은 뭐예요? · 104
휴보 로봇은 누가 만들었어요? · 106
마루와 아라가 왜 똑똑한 로봇이에요? · 108
달리기를 하는 로봇이 있어요? · 110
로봇이 사람과 똑같이 생겼다고요? · 112

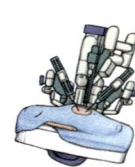

노래하며 춤추는 연예인 로봇이 있어요? · 114
사람일까요, 로봇일까요? · 116
사람만큼 똑똑한 로봇은 언제 나올까요? · 118
- 운동하는 로봇 · 120
로봇은 어떻게 축구 경기를 할까요? · 122
로봇 축구 대회가 있어요? · 124
서로 싸우는 로봇이 있다고요? · 126
로봇 격투 대회는 어디서 열려요? · 128
로봇은 장애물을 어떻게 피해요? · 130
로봇들도 올림픽 경기를 하나요? · 132
검도 연습을 도와주는 로봇이 있어요? · 134

3 로봇의 현재와 미래 · 137

곤충을 관찰하면서 로봇을 연구해요? · 138
바퀴벌레 로봇은 왜 만들었나요? · 140
감정을 느끼는 로봇이 있나요? · 142
화가 로봇이 있어요? · 144

로봇을 왜 공중에 띄울까요? · 146
보안 로봇은 무슨 일을 해요? · 148
소방관 로봇이 왜 필요할까요? · 150
우주인 로봇은 어떻게 생겼나요? · 152
파리를 먹는 로봇이 있어요? · 154
미식가 로봇은 어떤 음식을 좋아할까요? · 156
하늘을 나는 로봇이 있나요? · 158

물 위를 걷는 로봇도 있어요? · 160
물고기 로봇은 무슨 일을 해요? · 162
덤불 로봇이 뭐예요? · 164
로봇이 동물의 초능력을 배워요? · 166
똑똑한 먼지가 있어요? · 168
자동차 로봇이 있어요? · 170
아기 로봇은 왜 만들었나요? · 172
마이크로 로봇은 무슨 일을 해요? · 174
종이로 로봇을 만들 수 있나요? · 176
옷처럼 입는 로봇이 있어요? · 178

휴대 전화 로봇은 무슨 일을 하나요? · 180
로봇 세상이 올까요? · 182
로봇에게도 추억이 있을까요? · 184
로봇이 사람을 지배할 수 있을까요? · 186
로봇이 잘못하면 어떻게 해요? · 188
로봇도 거짓말을 할까요? · 190

 내 친구 로봇 만들기 · 193

로봇을 만들려면 어떤 공부를 해야 해요? · 194
어린이가 로봇을 만들 수 있어요? · 196
로봇 키트는 어떻게 구성되어 있나요? · 198
키트로 어떤 로봇을 만들어요? · 200
로봇에게 어떻게 명령을 내려요? · 202
로봇 만들기 대회도 있어요? · 204
어디에 가면 로봇을 만날 수 있나요? · 206

Robot

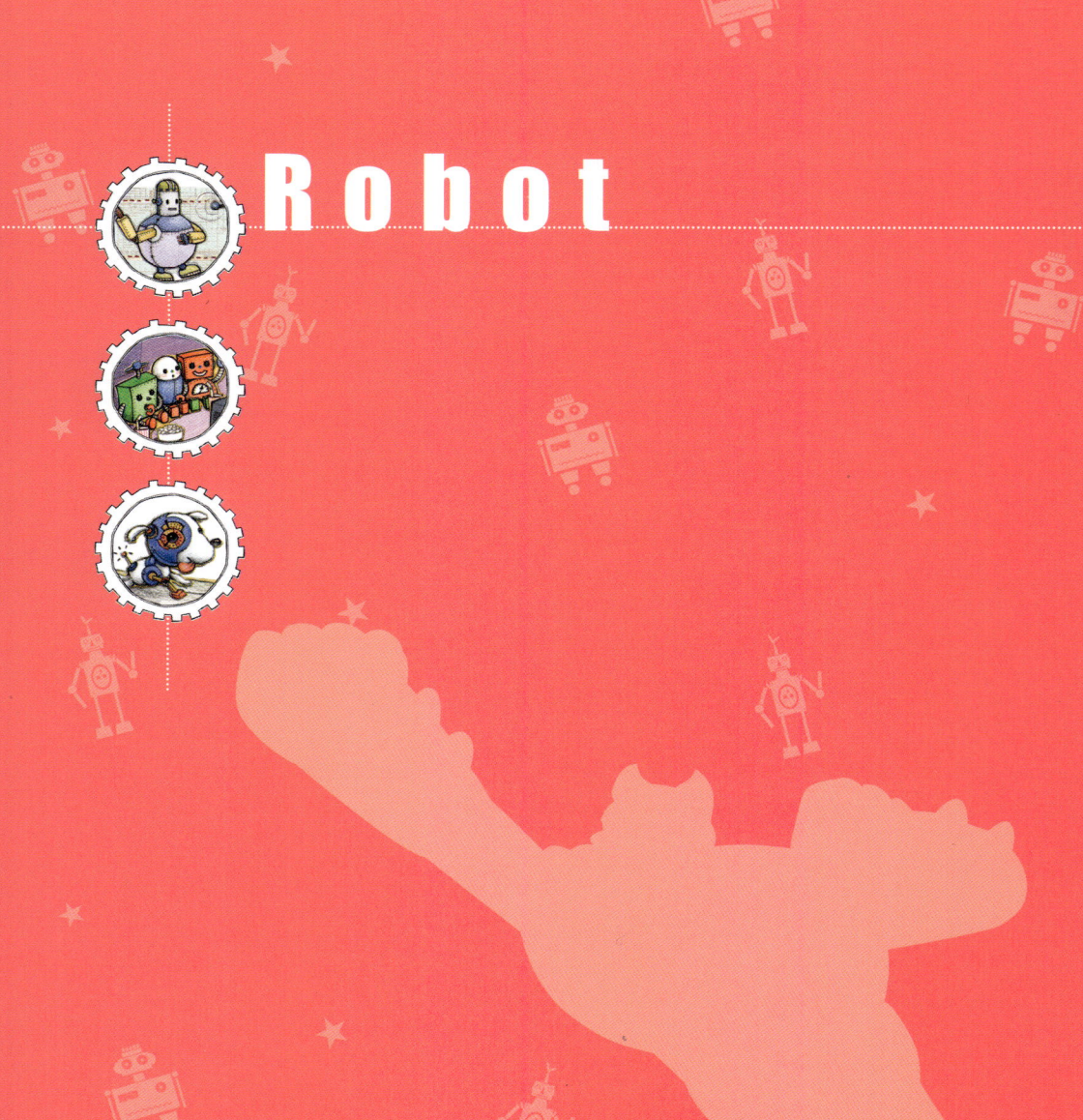

로봇이란 무엇일까요?

힘든 일을 대신해 주고,
나와 친구가 되어 주기도 하는 로봇!
로봇은 왜 만들었는지,
누가 로봇을 생각해 냈는지,
로봇은 어떻게 움직이는지 궁금하지 않나요?
로봇의 모든 것을 함께 알아보아요.

로봇이란 무엇일까요?

1장 · 로봇이란 무엇일까요?

만화영화에 나오는 로봇을 본 적이 있지요?
또 로봇 장난감을 가지고 놀아본 적도 있을 거예요.
그 로봇들은 모두 사람처럼 팔다리가 달렸어요.
하지만 그런 로봇만 로봇은 아니랍니다.
로봇은 사람과 비슷한 모양을 하고 사람이 시키는 대로
움직이거나, 사람이 할 일을 대신해 자동으로 움직이는
기계를 말해요. 튼튼하고 뛰어난 능력을 가진 기계이지요.
한마디로, 사람 같은 기계가 바로
로봇이에요.

세탁기나 **자동판매기**, **밥솥** 등도
넓은 의미로는 로봇이에요. 자동으로
움직여 사람이 할 일을 대신하니까요.

로보트 태권V는 김청기 감독이 1976년 발표한 만화영화의 주인공이에요.
자료제공: 신씨네

로봇을 왜 만들었어요?

1장 · 로봇이란 무엇일까요?

힘든 일, 거친 일, 귀찮은 일이 있을 때마다 우리는 생각해요.
'아 귀찮아! 이런 일 대신해 줄 누구 없나?'
그래서 사람들은 로봇을 만든 거예요.
힘든 일을 하기 싫어서 대신할 기계를 만들었지요.
처음엔 아주 단순한 기계부터 만들기 시작했어요.
곡식을 대신 빻아 주는 기계,
무거운 돌을 들어 나르는 기계,
그런 것들이었어요.
그러다 사람들은 점점 많은 일들을
로봇이 대신해 주길 바랐어요.

이게 바로 거중기의 설계도라네!

공장에서 물건을 만들고, 집에서 청소를 하고, 위험한 곳을 탐사하고, 요즘 로봇은 정말 많은 일들을 하고 있답니다.

정약용이 발명한 **거중기**는 수원 화성을 지을 때 무거운 돌을 대신 날라 주었어요.
자료제공: 다산연구소

우리 조상들은 **디딜방아**를 발로 밟아 곡식을 빻았어요.
자료제공: 오현진

1장 · 로봇이란 무엇일까요?

로봇이란 이름은 누가 지었어요?

로봇이란 말을 처음 만들어 쓴 사람은 체코슬로바키아의 작가 카렐 차페크예요.
차페크는 체코 어의 '로보타'에서 글자를 따서 로봇이란 단어를 만들었어요.

'로보타'는 강제 노동이란 뜻을 가지고 있어요. 차페크가 쓴 《로섬의 만능 로봇》(1920년)이라는 희곡(연극 대본)에 로봇이 등장하지요.
차페크는 2000년 전후의 미래 사회에서 로봇이 사람을 대신해 일을 한다는 이야기를 썼어요.

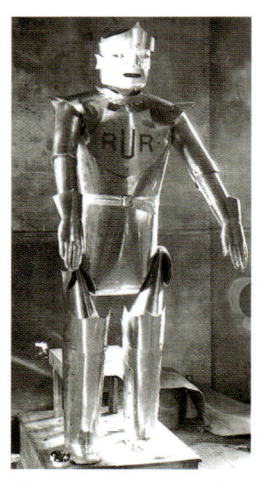

《로섬의 만능 로봇》
연극에 등장한 로봇 모형

TIP
차페크는 가장 앞서 과학소설(SF소설)을 쓴 작가예요. 《절대자 제조공장》 《곤충의 생활》 등의 이야기를 지었지요.

옛날 로봇은 어떻게 생겼어요?

1장 · 로봇이란 무엇일까요?

옛날 로봇은 요즘 로봇보다 단순하고 소박했어요.
처음에는 움직이는 기계인형 정도였지요.
이집트에서는 턱을 자동으로 움직이는 가면을 만들었어요.
어떤 사람이 그 가면을 쓰고 턱을 움직여 보이면
사람들은 깜짝 놀랐답니다. 그때만 해도
아주 옛날이었으니까요.

프랑스 발명가 보캉송은 1739년에 음식을 배설하는 **오리 인형 기계**를 만들었어요.

〈그리스 신화〉에 등장하는 **탈라스**는 사람의 모습인데 몸은 청동으로 되어 있어요.

1770년 오스트리아에 등장한 **체스를 두는 인형** 안에는 실제 사람이 들어가 있었대요.

1773년 스위스 사람이 태엽과 톱니를 이용해 **글 쓰는 소년 인형**을 만들었어요.

그 뒤로 문을 자동으로 여는 기계, 스스로 음악을 연주하는 인형 등이 만들어졌어요. 태엽을 돌리면 인형이 음악을 연주했지요. 이 로봇들은 톱니바퀴나 지레로 움직였어요.

자격루는 자동으로 시간을 알려 주는 물시계예요. 1434년에 만들어졌으니, 우리 조상의 로봇 기술이 얼마나 뛰어났는지 알 수 있지요.

자료제공: 오현진

로봇은 어떻게 움직일까요?

1장 · 로봇이란 무엇일까요?

가만 생각해 보면 참 신기해요.
로봇은 어떻게 자동으로 움직일까요?
살아 있는 생물도 아닌데 말이에요.
몸속에 무엇이 들어 있기에 사람이
시키는 일을 척척 해내는 걸까요?

로봇의 뇌는 컴퓨터 **기억장치**예요. 거기에 여러가지 정보들이 기록되어 있지요.

로봇도 사람처럼 감각이 있어요. 이런 감각은 여러 가지 신호를 받아들이는 **센서**를 통해 전달되지요. 센서란 사람의 감각을 흉내 내 만든 기계예요.

로봇의 몸속에 들어 있는 건 바로 컴퓨터예요. 컴퓨터 속에는 사람이 미리 명령을 짜 놓은 프로그램이 들어 있지요. 그 프로그램에 따라 로봇이 움직인답니다.

사람이 밥을 먹어야 **에너지**가 생겨서 움직이고 살아갈 수 있는 것처럼, 로봇에게도 에너지가 필요해요. 로봇에게 그런 에너지를 주는 것은 전기나 모터와 같은 동력이에요.

로봇은 어떻게 발전해 왔어요?

1장 · 로봇이란 무엇일까요?

과학이 발달하면서 로봇도 점점 발전해 왔어요. 단순한 꼭두각시 인형 같았던 로봇이 차츰 똑똑해지고 있어요. 컴퓨터가 나온 뒤로 로봇은 몰라볼 만큼 빠르게 발전했어요.

로봇 팔은 정해진 일만 해요.

1세대 로봇
1세대 로봇은 공장에서 일하는 로봇 팔이에요. 로봇 팔은 컴퓨터와 연결되어 정해진 일만 해요.

2세대 로봇
2세대 로봇은 사람처럼 감각을 가진 로봇이에요. 보고, 들을 수 있고, 빛에 따라 움직일 수 있는 로봇이랍니다.

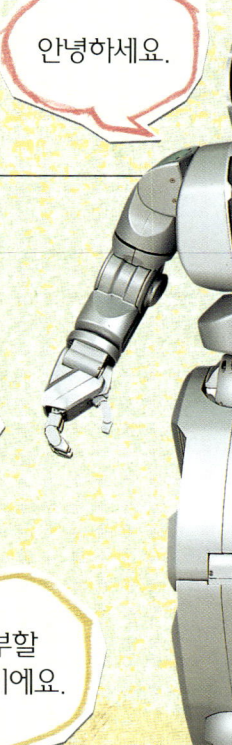

안녕하세요.

안녕 휴보?

공부할 시간이에요.

3세대 로봇
3세대 로봇은 인공지능 로봇이에요. 사람이 하나하나 명령하지 않아도 스스로 판단해서 움직이는 로봇이지요.

나라마다 로봇에 대한 생각이 달라요?

1장 · 로봇이란 무엇일까요?

중국에서는 로봇을 단순히 인형이나 **꼭두각시**로 생각해 왔어요.

유럽은 로봇을 힘든 일을 대신해 주는 **일꾼**이라고 생각해요.

일본 사람들은 로봇을 사람처럼 **친숙**한 존재로 생각해요. 그래서 사람을 닮은 로봇도 일본에서 가장 먼저 나왔답니다.

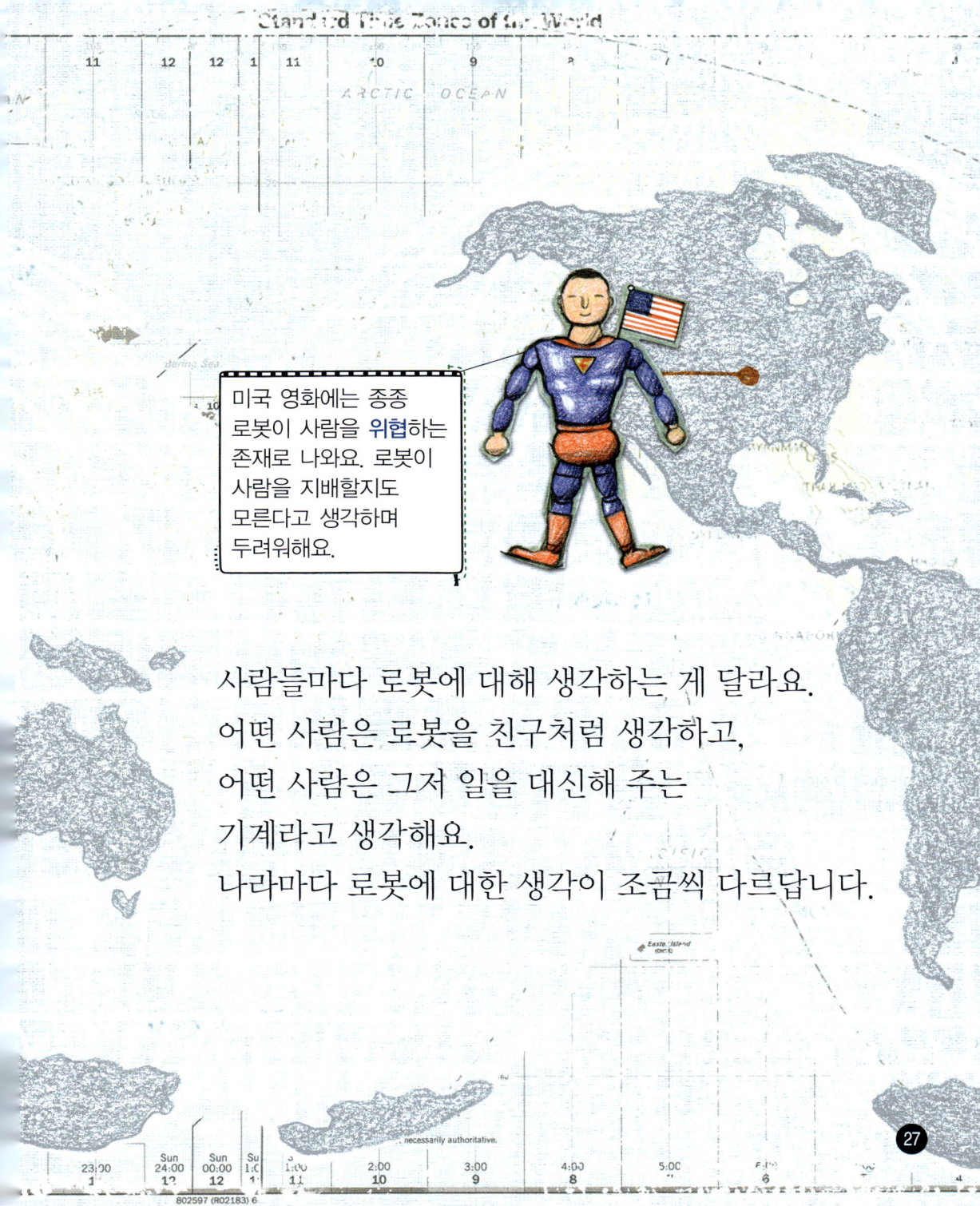

미국 영화에는 종종 로봇이 사람을 **위협**하는 존재로 나와요. 로봇이 사람을 지배할지도 모른다고 생각하며 두려워해요.

사람들마다 로봇에 대해 생각하는 게 달라요.
어떤 사람은 로봇을 친구처럼 생각하고,
어떤 사람은 그저 일을 대신해 주는
기계라고 생각해요.
나라마다 로봇에 대한 생각이 조금씩 다르답니다.

1장 · 로봇이란 무엇일까요?

우리나라 공장에 로봇이 언제 등장했나요?

우리나라 산업 현장에 로봇이 처음 등장한 것은 1978년이에요. 공장에서 일을 하는 용접용 로봇이었지요. 그때까지 우리나라 사람들은 로봇의 사용법만 알 뿐, 로봇의 구조에 대해서는 잘 몰랐어요.
어느 날, 공장에서 일하던 로봇들이 일을 멈추었어요.
"어? 로봇이 왜 멈추었을까?"
"로봇에 대해 잘 모른 채 일을 시킬 수는 없어."
그 뒤 우리나라 과학자들은 로봇에 대해 열심히 연구하기 시작해 곧 로봇 선진국들을 바짝 따라붙었어요.

로봇 선진국을 향해 출발!

지이이ㅡㅡ.

1장 · 로봇이란 무엇일까요?

로봇도 지켜야 할 법이 있어요?

만약 로봇이 점점 똑똑해져서 사람만큼 똑똑해진다면, 과연 어떤 일이 벌어질까요?
혹시 그동안 자기를 부려먹은 사람들이 괘씸해서 사람을 지배하려 들지는 않을까요?
그런 일이 일어날까 봐 사람들은 로봇이 지켜야 할 법을 미리 만들어 놓았어요.

● 로봇공학 3원칙

제1원칙
로봇은 사람에게 해를 끼쳐서는 안 되며, 위험에 처한 사람을 보면 구해야 한다.

제2원칙
로봇은 사람의 명령에 따라야 한다.

제3원칙
로봇은 자기 자신을 보호해야 한다.

Robot

미국의 과학소설 작가 아이작 아시모프가
'로봇공학 3원칙'을 정했답니다.
로봇공학 3원칙은, 사람과 로봇이 함께 살아가는 세상에서
지켜야 할 법이에요.

1장 · 로봇이란 무엇일까요?

사이보그가 뭐예요?

사이보그는 몸의 일부를 기계로 바꾼 사람을 말해요.
교통사고로 팔이나 다리를 크게 다쳐 쓸 수 없게 된 사람이
기계 팔이나 다리를 달 수 있어요. 반쯤 로봇이 되는 거죠.
이런 사람을 사이보그라고 한답니다.
기계 팔을 단 사이보그는 보통 사람보다
훨씬 센 힘으로 무거운 것도 척척 들어 올려요.
기계 다리를 단 사이보그는 무척 빠르게 달릴 수 있어요.
건강 때문에 몸속에 작은 컴퓨터 칩을 넣은 사람도 있어요.
컴퓨터 칩은 그 사람의 건강을 알려 주지요.

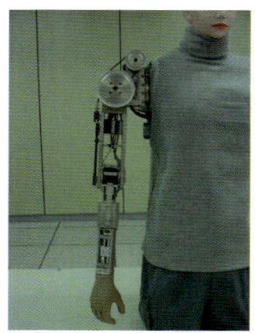

사람의 팔 모양을 본떠 만든 '로봇암'
자료제공: (주)NT리서치

TIP

사이보그가 꼭 사람의 경우만을 말하는 건 아니에요. 동물의 몸에 기계장치를 넣어도 사이보그가 되지요.

1장 · 로봇이란 무엇일까요?

만화영화에는 어떤 로봇들이 나와요?

우주 소년 '아톰'

아톰, 그랜다이저, 마징가Z, 로보트 태권V를 알고 있나요?
모두 만화영화 속에 나오는 로봇들이에요. 1952년, 일본에서 만들어진 로봇 아톰은 인기가 많았어요. 아톰은 사람의 감정을 가지고 있는 로봇이에요. 아톰의 가슴에는 하트 모양의 전자두뇌가 들어 있답니다. 로보트 태권V는 우리나라에서 처음 만든 로봇 만화영화예요. 우리나라 로봇인 만큼, 로보트 태권V는 태권도를 하며 악당과 싸우는 정의의 로봇이에요.

프랑켄슈타인, 피노키오, 《오즈의 마법사》에 나오는 **틴맨**(깡통 로봇)도 로봇이라고 할 수 있어요.

황금 로봇 '골드런'

로보트 태권V
한국을 대표하는 로봇 만화영화로 멋진 태권도 실력과 다양한 이야기로 선풍적인 인기를 끌었어요.
자료제공: 신씨네

영화에는 어떤 로봇들이 나와요?

1장 · 로봇이란 무엇일까요?

〈터미네이터〉, 〈로보캅〉, 〈바이센테니얼 맨〉, 〈A.I.〉 등 로봇이 나오는 영화들도 많이 있어요.
미국 영화 속에 나오는 로봇들은 사람을 공격하는 나쁜 로봇들이 많아요.
영화를 만든 사람들은, 똑똑하고 힘센 로봇이 나쁜 마음을 먹고 사람을 공격할까 봐 두려웠나 봐요.
하지만 영화 속에도 착한 로봇들이 있어요.
〈로보캅〉에 나오는 로봇은 악당을 잡는 사이보그 경찰이에요.
〈바이센테니얼 맨〉의 앤드류는 사람처럼 감정을 가지고 있어서 사랑을 하기도 한답니다.

> **TIP**
> 인간을 닮은 로봇이 등장하는 최초의 영화는 '**메트로폴리스**' 라는 독일 영화예요. 1927년 프리츠 랑 감독이 만든 이 영화는 부자와 노동자의 갈등과 화해를 그리고 있답니다.

2장 신기한 로봇의 종류

애완동물처럼 친구가 될 수 있는 애완 로봇,
공부를 도와주는 교육용 로봇,
집안일을 대신해 주는 청소 로봇,
사람을 치료하고 돌봐 주는 의사 로봇 등
우리 주변에 신기한 로봇들이 아주 많아요.
어떤 로봇들이 있는지 알아볼까요?

내 친구 로봇

꼭 사람끼리만 친구가 될 수 있는 건 아니에요.
동물과도 친구가 될 수 있고, 로봇과도 친구가 될 수 있어요.
로봇 친구가 있다면 얼마나 좋을까요?
언제나 내 얘기를 들어 주고,
내가 심심할 때는 놀아 주기도 할 거예요.
앞으로는 점점 **로봇 친구**가 늘어날 거예요.
로봇 친구들, 얼마나 가까이 다가와 있는지 볼까요?

Robot

로봇 장난감도 로봇이에요?

2장 · 신기한 로봇의 종류

우리와 가장 가까운 로봇 친구는 뭐니뭐니해도 로봇 장난감이에요. 수많은 종류의 로봇 장난감들이 우리와 함께 자랐어요.
로봇 장난감에는 배터리가 들어 있어서 스위치를 탁 켜면 걷고, 움직이고, 불을 뿜는 시늉을 하기도 하지요.

또 변신 로봇은 하나의 로봇이 여러 모양으로 바뀌기도 해요. 로봇 장난감도 간단한 로봇이랍니다. 처음에 만들어진 로봇 장난감은 매우 느리게 움직였어요. 요즘의 로봇 장난감은 컴퓨터 기술의 발달로 장난감인지 사람인지 모를 정도로 발전하고 있어요.

놀이용 변신 장난감이 **교육용 로봇**으로 발전했어요. 직접 만들면서 로봇을 이해할 수 있어요.
자료제공: (주)로보티스

2장 · 신기한 로봇의 종류

애완 로봇도 있어요?

1939년 뉴욕 세계박람회에서 처음으로 로봇 강아지가 등장했어요.
"우와! 나에게도 저런 로봇 강아지가 있었으면 좋겠다!"
사람들은 애완 로봇에 큰 관심을 갖게 되었어요.
요즘에는 로봇 강아지, 로봇 고양이 등 많은 애완 로봇들이 개발되고 있어요.
애완 로봇 속에는 작은 컴퓨터가 들어 있답니다.
그 컴퓨터 덕분에 애완 로봇은 주인의 말을 알아듣고 반응할 수 있는 거예요.
주인이 새로운 명령을 내리고 싶으면 컴퓨터에 새 프로그램을 넣으면 된답니다.

엘렉트로의
애완 로봇
'스파키'

인간형 로봇 '엘렉트로'
전원을 켜면 77개의
단어를 말할 수 있고,
앞뒤로도 움직여요.

2장 · 신기한 로봇의 종류

우리나라에도 강아지 로봇이 있나요?

우리나라에도 강아지처럼 생긴 '제니보'라는 똑똑한 강아지 로봇이 있어요.
"일어나!" "앉아!" 하는 사람 말을 알아들어요.
애완동물을 키울 때처럼 훈련을 시킬 수도 있지요.
새로운 것을 배우면 점점 더 똑똑해져요.
주인이 집에 오면 주인 얼굴을 알아보고는 반갑다고 꼬리치기도 해요.
배가 고프면 자기가 알아서 충전을 하러 간답니다.
제니보는 전기를 먹고 살아요.

지능형 애완 로봇 '제니보'

진짜 고양이 같은 로봇이 있을까요?

일본에 '네코로'라는 고양이 로봇이에요.
네코로는 부드러운 털까지 고양이를 꼭 닮았어요.
자연스럽게 움직이기 때문에 정말 고양이 같답니다.
네코로는 아주 예민해요.
큰 소리를 지르면 깜짝 놀라고, 턱 밑을 가만가만 만져 주면
기분이 좋아서 야옹~ 소리도 내요.

화가 나면 꼬리를 바짝 세우기도 하고, 주인한테 반항도 한답니다. 물론 주인이 길들일 수 있어요.
네코로뿐 아니라 일본에는 여러 종류의 고양이 로봇이 나와 있답니다.

2장 · 신기한 로봇의 종류

로봇이랑 어떻게 팔씨름을 해요?

로봇과 팔씨름 한번 겨뤄 볼래요?
우리나라에서 세계 최초로 팔씨름 로봇 '로보암레슬러'를
만들었어요. 사람이 팔씨름을 겨루러 다가가면
팔씨름 로봇은 먼저 인사를 해요.
"안녕하세요? 팔씨름을 하시려면 자리에 앉으세요."
팔씨름 로봇은 똑똑한 지능형 로봇이에요.
상대방의 힘에 따라 자기 힘의 세기를 정하기도 하고,
그때그때 힘쓰는 방법도 달리해요.

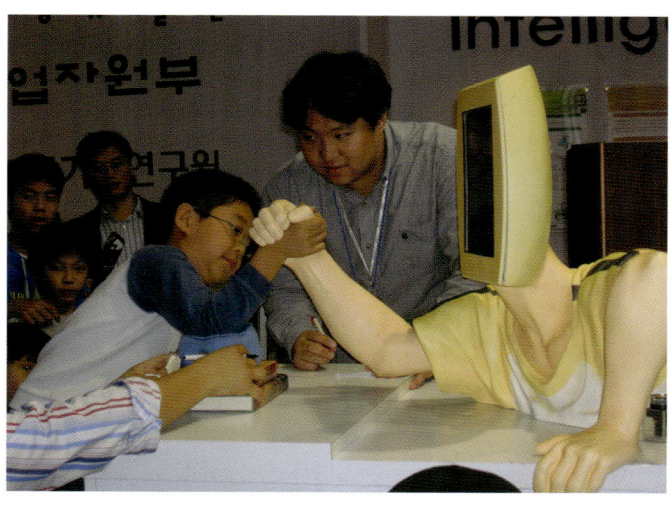

팔씨름 로봇 '로보암레슬러'
할머니, 할아버지의 근력
운동과 정신적 기쁨을 주기
위해 개발됐어요.
자료제공: 건국대학교 강철구 교수

그래서 로보암레슬러와 팔씨름을
해보면 마치 진짜 사람하고 팔씨름을
하는 것처럼 느껴진답니다.

책을 읽어 주는 로봇이 있나요?

2장 · 신기한 로봇의 종류

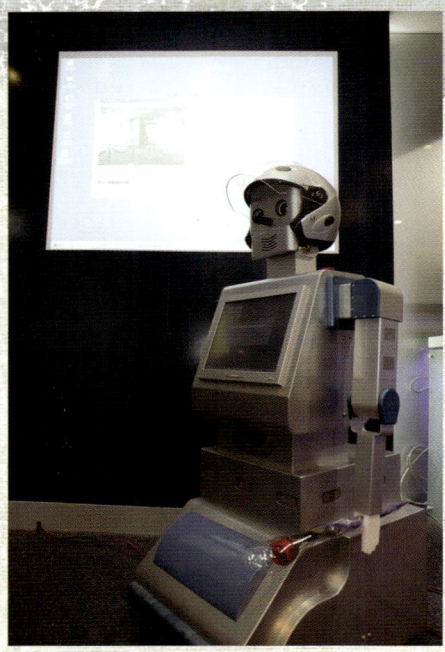

책 읽어 주는 로봇 '에트로'
자료제공: 한국전자통신연구원

내 얼굴을 알아보고 인사도 하고
동화책도 읽어 주는
로봇 친구가 있어요.
우리나라에서 개발한
'에트로'는 돌고래 정도의
지능을 가진 똑똑한 로봇이에요.
책을 소리 내어 읽는 게
에트로의 특기이지요.
또 인터넷 검색을 해서 정보를
찾아낼 줄도 알아요.
에트로는 특히 시각장애인들의
좋은 친구가 될 수 있어요.
길거리의 표지판이나 간판 등을 읽고 시각장애인에게
길을 안내해 주지요.
또 시각장애인에게 책을 읽어 줄 수도 있고요.

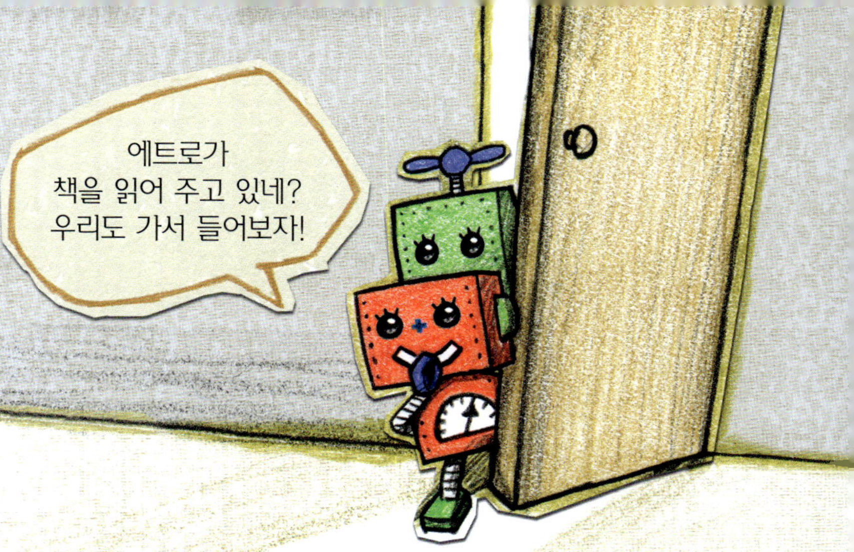

> 에트로가 책을 읽어 주고 있네? 우리도 가서 들어보자!

이처럼 사람들에게 좋은 친구가 되어 주는 에트로는 2007년 대전의 명예시민이 되기도 했답니다.

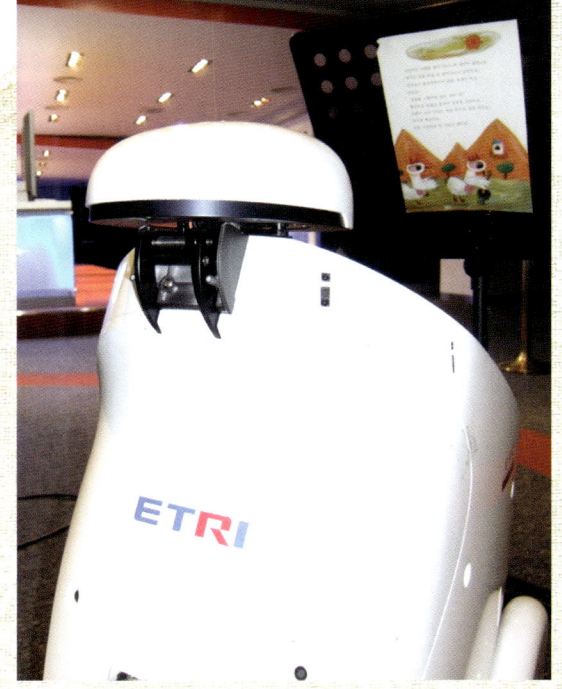

백과사전을 검색하는 '웨버'
궁금증을 물어보면
백과사전을 찾아 답해 주지요.
자료제공: 한국전자통신연구원

로봇과 함께 공부할 수 있을까요?

2장 · 신기한 로봇의 종류

교육 로봇 '키보'
자료제공: 한국과학기술연구원
김문상 박사

지능형 로봇은 스스로 판단하고 행동해요. 그래서 학습에 있어서도 어린이의 능력을 파악해 맞춤 수업을 진행하지요.
이렇게 똑똑하기 때문에 교육을 하기에 딱 알맞아요.
교육 로봇 중에는 한글과 산수, 영어회화 등 여러 가지를 가르치는 로봇도 있어요. 외국어의 경우 친절한 선생님처럼 여러 번 반복해 줘요.
앞으로는 로봇이 복습과 숙제도 챙겨 줄지도 몰라요.
로봇과 함께하는 공부, 재미있겠죠?

54

키: 45cm　**몸무게:** 7kg
특징: 집 안 어느 곳이든 정확한 위치로 이동하며, 만지면 반응을 보여요.
주요기능: 동화 구연, 영어 노래 부르기, 영어 문장·단어 반복 등을 해요.

카메라로 사물을 보고, 학습하며 적응하는 역할을 해요. 사람의 뇌에 해당되는 곳이에요.

표정 LED가 있어서 표정을 지을 수도 있어요.

움직임과 방향을 조절하고 어디든 갈 수 있어요.

시각, 청각, 촉각, 미각, 후각을 인식하는 센서가 있어요. 다양한 감각을 느낄 수 있답니다.

LCD 화면을 보며 공부할 수 있어요. 뉴스나 날씨 등 정보를 알려 줘요.

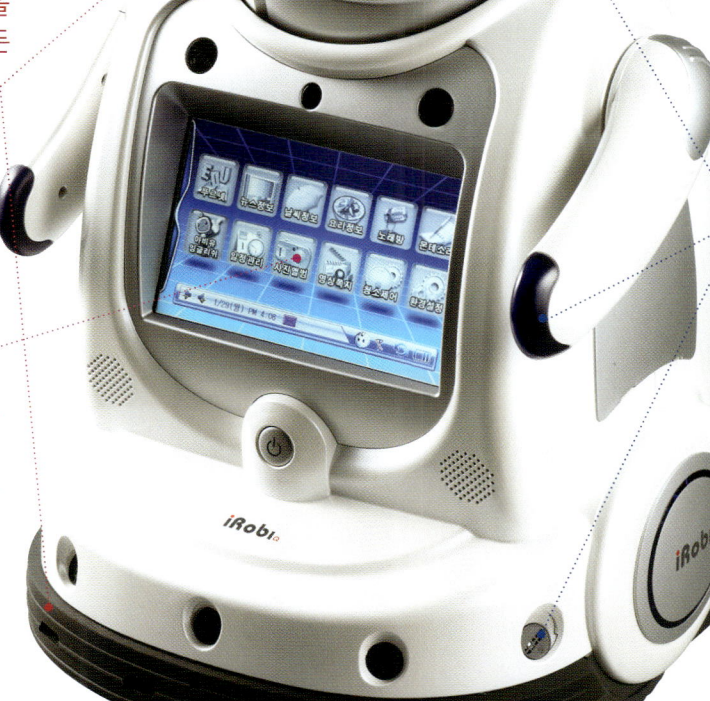

교육 로봇
'아이로비Q'
자료제공: (주)유진로봇

일하는 로봇

사람들은 힘든 일을 쉽게 하려고 **기계**를 만들었어요.
하지만 기계는 스스로 움직이지 못하지요.
그래서 로봇이 생겨났어요. 로봇은 공장에서, 집에서, 상점에서
사람을 대신해서 힘든 일을 도맡아 하고 있어요.
처음엔 물건을 조립하는 단순한 일부터 시작했어요.
그러나 로봇이 차츰 똑똑해져 이제는 스스로 생각하며
많은 일들을 한답니다.

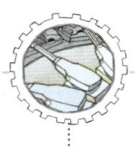     

2장 · 신기한 로봇의 종류

로봇은 언제부터 공장에서 일했어요?

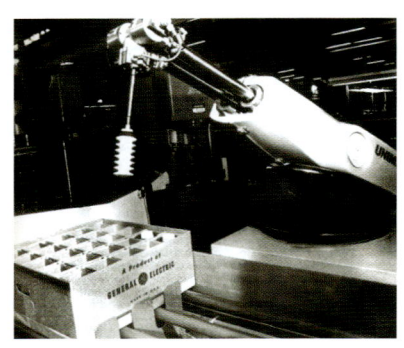

세계 최초로 공장에서 사용된 로봇 팔 **'유니메이트'**

로봇은 1961년 미국에서 처음 일을 하기 시작했어요. 제너럴 모터스라는 자동차 공장에서예요.
자동차를 조립하는 일을 로봇 팔이 맡아 했답니다. 로봇 때문에 많은 사람들이 일자리를 잃어버리기도 했어요. 로봇은 사람보다 훨씬 일을 잘 하는데다, 일이 힘들다고 불평하지도 않으니까요.
그 뒤 사람들은 차츰 위험한 일은 그만두고 로봇 팔을 관리하고 명령을 내리는 일을 하게 되었답니다.

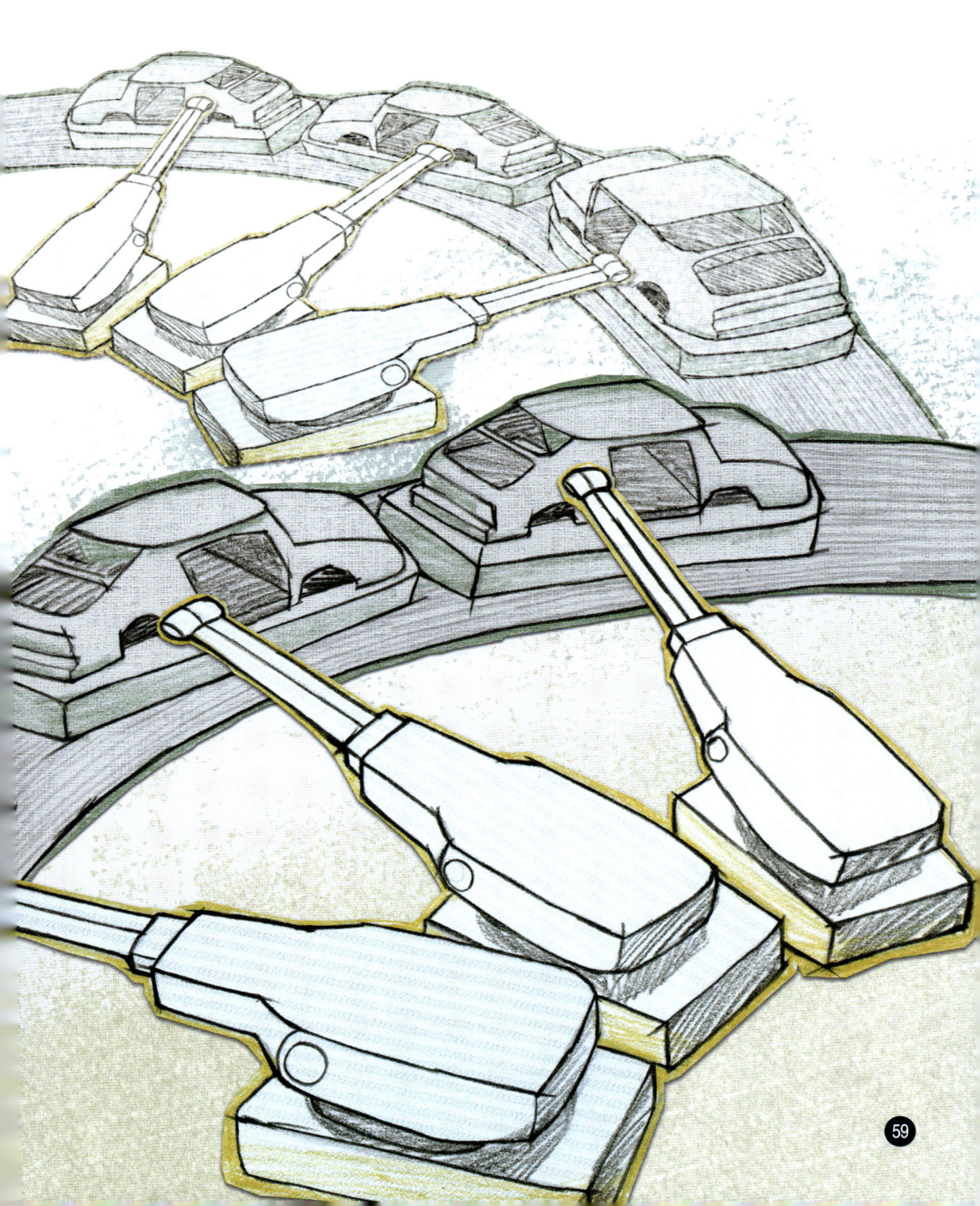

2장 · 신기한 로봇의 종류

일하는 로봇은 어떻게 생겼나요?

공장에서 일하는 로봇은 사람이 하기 힘든 일을 해 줘요. 또 사람은 일을 하다 쉬어야 하지만 로봇은 쉬지 않고 계속 일을 할 수 있지요. 무엇보다 로봇은 사람보다 빠르게 움직일 수 있고, 실수를 하지 않기 때문에 정확하게 일을 해요. 꽤 믿음직스럽고 든든하지요.

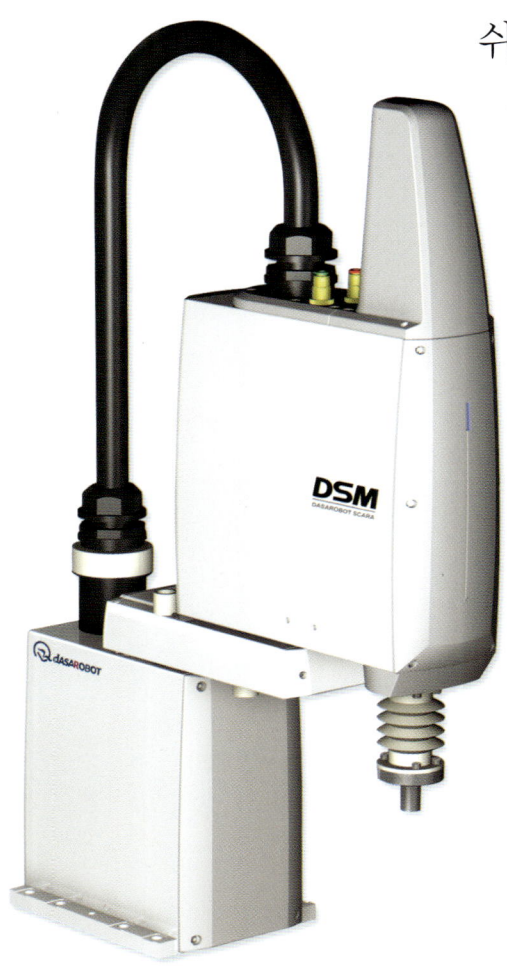

수평다관절로봇
제품을 들어서 이동시킬 때 사용하는 로봇이에요.

로봇컨트롤러
로봇을 지탱할 뿐만 아니라 로봇의 움직임을 명령하고 조절하지요.

로봇은 하는 일에 따라 다르게 생겼어요.
하는 일에 따라 '수직다관절로봇', '수평다관절로봇',
'직각좌표로봇' 등으로 불려요. 로봇 팔을 갈아 끼워
여러 가지 일을 하며, 무거운 물건을 옮기거나
부품을 옆으로 나르지요.

자료제공: (주)다사로봇

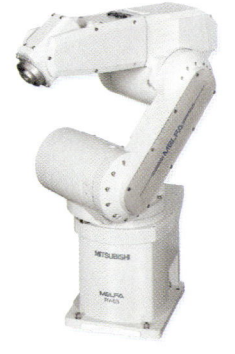

수직다관절로봇
움직임이 매우 자유로운 로봇으로, 제품의 용접이나 이동 등에 쓰여요.

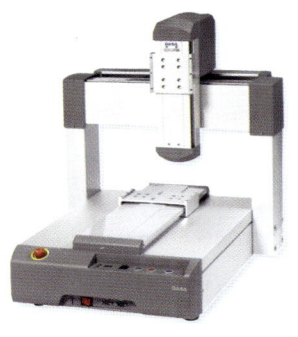

데스크탑로봇
사람이 직접 하기 어려운 미세한 부품을 붙이는 데 사용돼요.

리니어직각 좌표로봇
물건을 옆으로 옮겨 부품의 조립 등을 빨리 할 수 있게 도와줘요.

로봇 팔은 무슨 일을 할까요?

2장 · 신기한 로봇의 종류

자동차를 만드는 공장에 가 보면 기다란 팔을 가진 로봇을 만날 수 있어요. 산업 로봇에게는 팔이 가장 중요하지요. 로봇 팔은 공장에서 여러 가지 일들을 해요.
쇠와 쇠를 녹여 이어붙이는 용접 일, 단단한 철판을 자르는 일, 페인트를 칠하는 일, 물건이 잘 만들어졌는지 검사하는 일, 무거운 물건을 옮기는 일 등 못 하는 일이 없어요.

자동차 공장에서 로봇들이 각자 맡은 일을 열심히 하고 있어요. 자료제공: 현대중공업

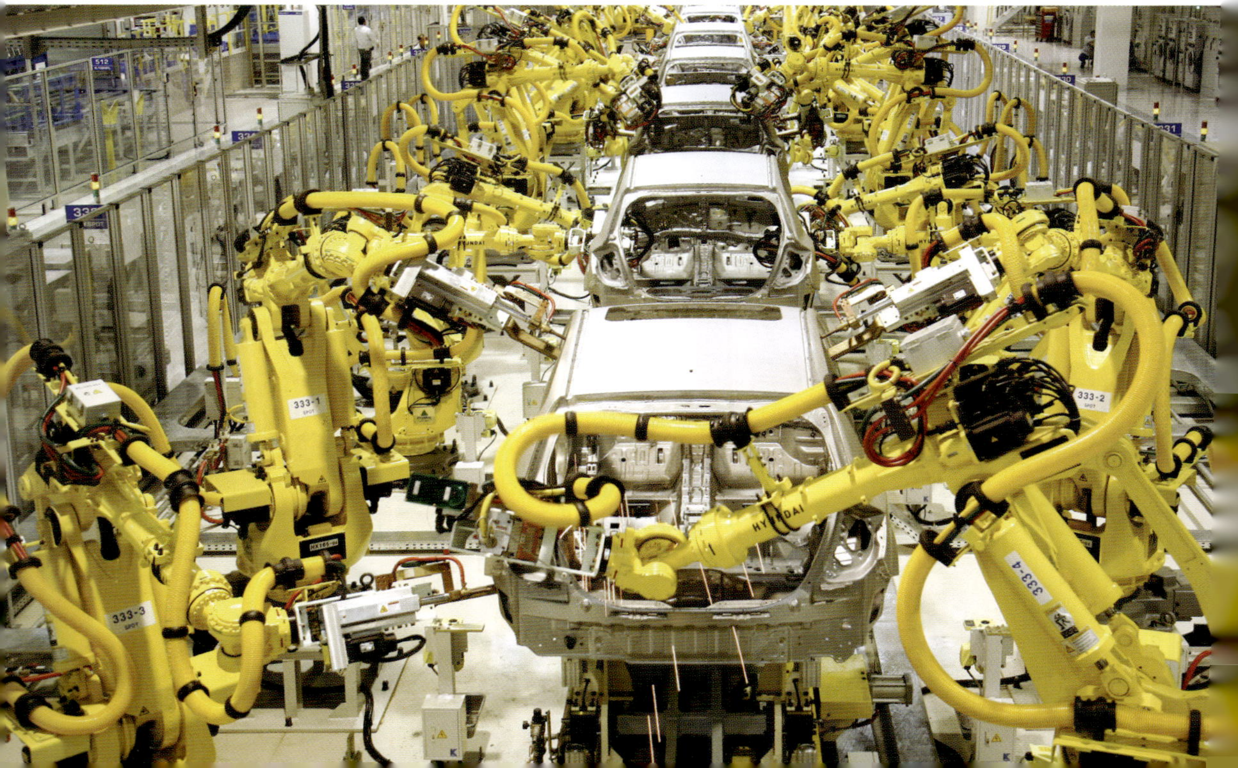

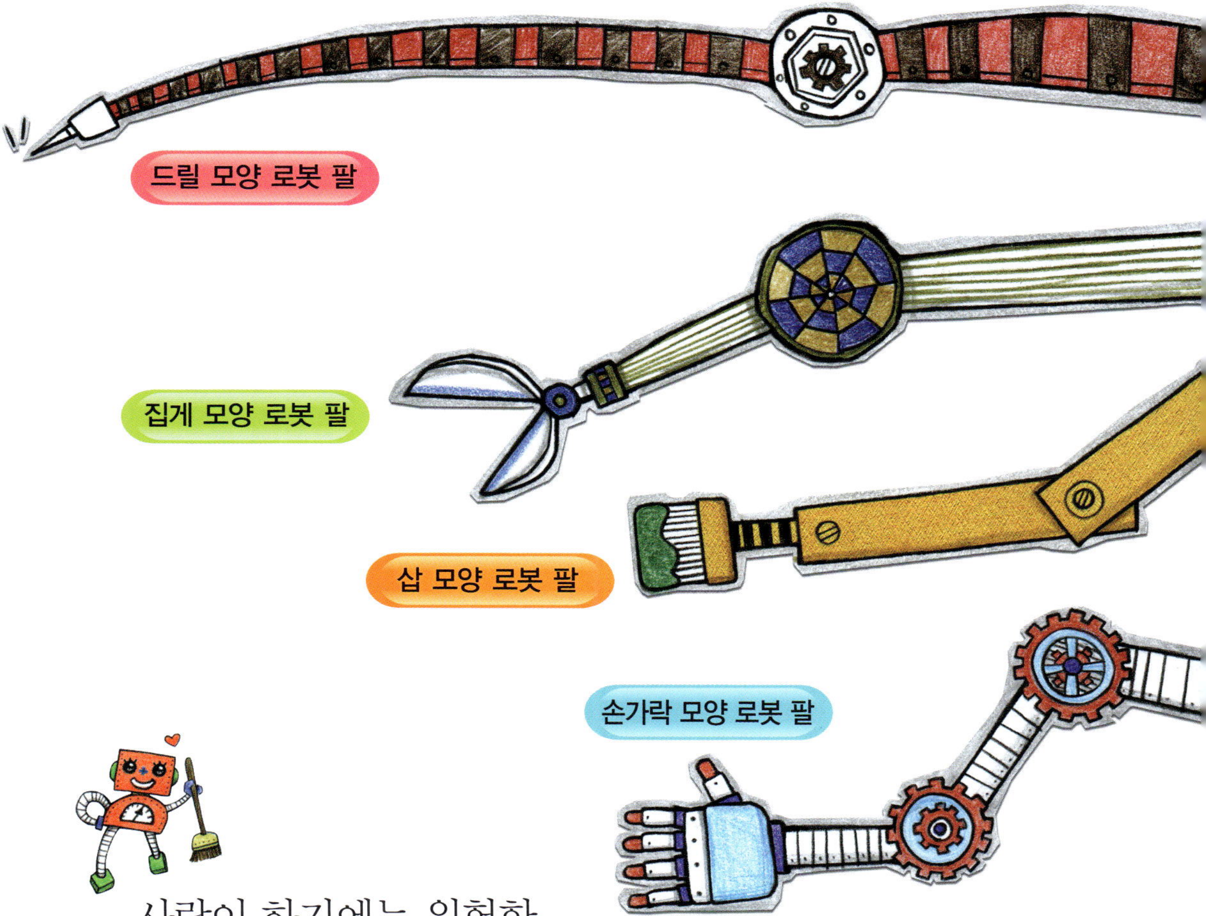

드릴 모양 로봇 팔

집게 모양 로봇 팔

삽 모양 로봇 팔

손가락 모양 로봇 팔

사람이 하기에는 위험한
일이나 아주 꼼꼼히 해야
하는 일들을 로봇이 대신하고 있답니다.
로봇은 용감하고, 꼼꼼하고, 힘센 사람처럼
일하는 일꾼이에요.

로봇이 농사일도 해요?

2장 · 신기한 로봇의 종류

농사일은 단순하면서도 계속 반복해야 하는 일들이 많아요. 밭을 갈거나 논의 벼를 거두는 일, 과일을 따는 일 등 생각해 보면 거의 모두가 힘들게 반복해야 하는 일들이지요. 농사일을 쉽게 하기 위해서 농부들은 트랙터와 같은 여러 기계를 써왔어요. 일을 좀 쉽게 할 수는 있지만 기계 혼자 하도록 맡겨 둘 수는 없지요. 하지만 농사 로봇은 스스로 알아서 농사일을 해요.

로봇이 있으니까 편하게 수확하는군! 부러워라!

무인 과수 방제 로봇
땅속에 파묻은 전선의 자기장을 따라 자유롭게 움직이며 병충해를 예방해요.

사과 수확 로봇의 전체 모습과 사과 따는 모습
1993년에 개발된 농사 로봇이에요. 기다란 로봇 팔로 높은 곳에 열린 사과도 쉽고 안전하게 딸 수 있어요. 자료제공: 경북대학교 장익주 교수

사과 수확 로봇은 한번 일을 시키면, 혼자서 사과 밭을 돌아다니며 쉬지 않고 나무에 열린 사과를 딴답니다. 사람이 지켜보지 않아도 딴청 피우지 않아요.

로봇이 알아서 척척 일을 하니까 참 좋다!

2장 · 신기한 로봇의 종류

집안일 로봇은 어떤 일을 할까요?

아침이면 오늘의 날씨와 뉴스를 알려 주고, 주인을 위해 냉장고에서 신선한 우유를 가져다 주고, 집을 비울 때면 도둑이 들지 않도록 집을 지켜 주는 로봇! 우와! 이런 로봇이 있으면 정말 좋겠지요?

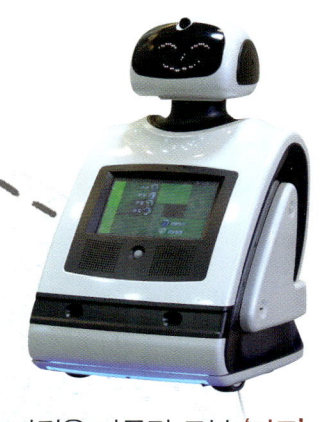

가정용 다목적 로봇 '미르'
인터넷 네트워크를 이용해 집 안을 살피고, 화상 통화, 가전제품 제어 등의 일을 해요.
자료제공: 모스트아이텍

집안일 로봇만 있으면
집을 비울 때도 걱정 없어요.
로봇이 주인에게 언제든지
집안 상황을 알려주거든요.
과학자들은 이렇게 집안일을 도맡아
관리해 주는 로봇을 만들었어요.
머지않아 집집마다 집안일
로봇을 하나씩 데리고
살지도 몰라요.

멀리서도 로봇을 조종할 수 있나요?

2장 · 신기한 로봇의 종류

우리가 집을 비우고 외출하면 집안일 로봇에게 어떻게 일을 시킬지 궁금하다고요? 휴대 전화가 로봇을 조종하는 리모콘 역할을 해 줘요. 집 밖에서도 휴대 전화 화면으로 집 안 곳곳을 비춰 볼 수 있어요. 또 휴대 전화로 주인이 로봇에게 명령을 내릴 수도 있답니다. 로봇과 휴대 전화가 컴퓨터로 연결되는 거예요.

가정용 유비쿼터스 로봇 '**미르-H**'
로봇과 모바일 및 인터넷 기술이
합쳐져 유비쿼터스 시대에 걸맞는
지능형 서비스 로봇이에요.
자료제공: 모스트아이텍

멀리서 조종할 수 있는 로봇을 '**원격 로봇**' 이라고 해요.
원격 로봇은 사람이 갈 수 없는 위험한 곳에서 여러 가지 일을 해요.
원격 로봇은 스스로도 생각할 수 있어야 하고,
사람과 대화를 하며 상황을 판단해야 하기도 하지요.

2장 · 신기한 로봇의 종류

청소 로봇은 왜 인기가 있을까요?

집안일 로봇 가운데 가장 인기가 좋은 건
청소 로봇이에요. 귀찮은 청소를 로봇이 알아서 척척
해 주거든요. 우리나라에도 여러 종류의 청소 로봇이
나와 있어요. 청소 로봇은 어디를 청소해야 할지
스스로 생각해서 움직여요.
침대 밑이나 소파 밑 등 어디든 굴러가 구석구석 싹싹
청소해 줘요. 청소 로봇은
돌아다니기 쉽게
크기가 작고
납작해요.

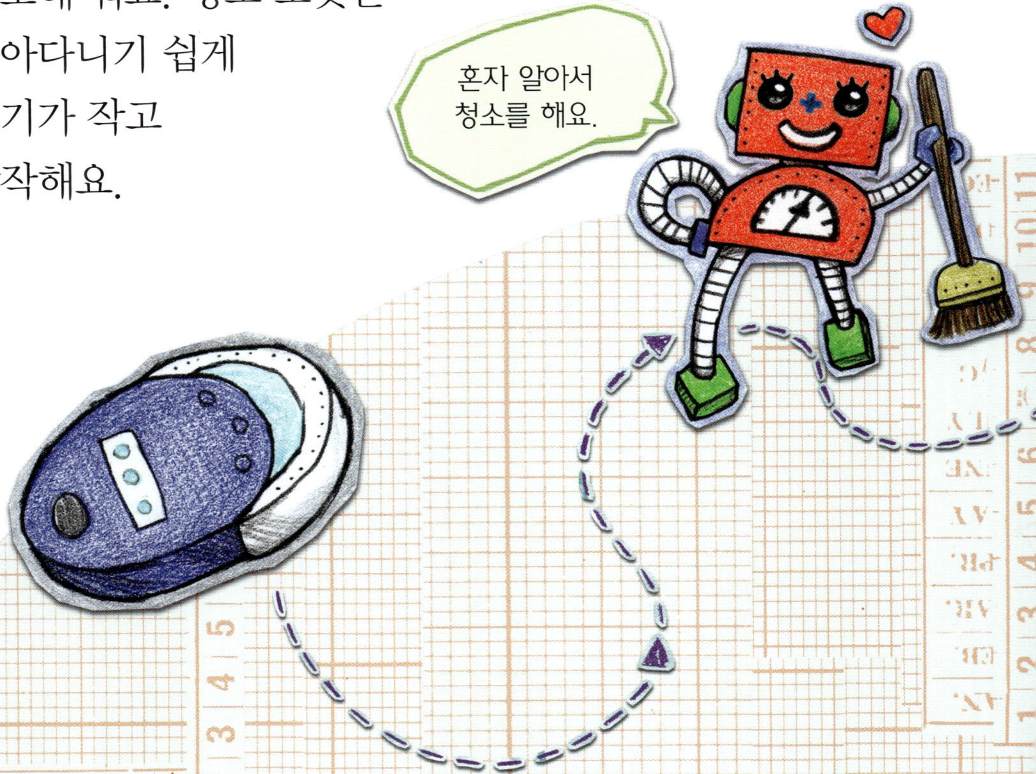

혼자 알아서 청소를 해요.

전기가 다 닳으면 알아서 충전기로 다가가서 충전을 하지요. 청소 로봇은 집에서 아주 쓸모 있는 로봇이에요.

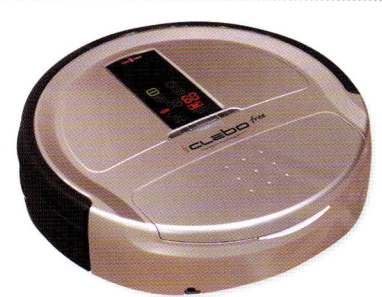

로봇 청소기 '아이클레보'
자료제공: (주)유진로봇

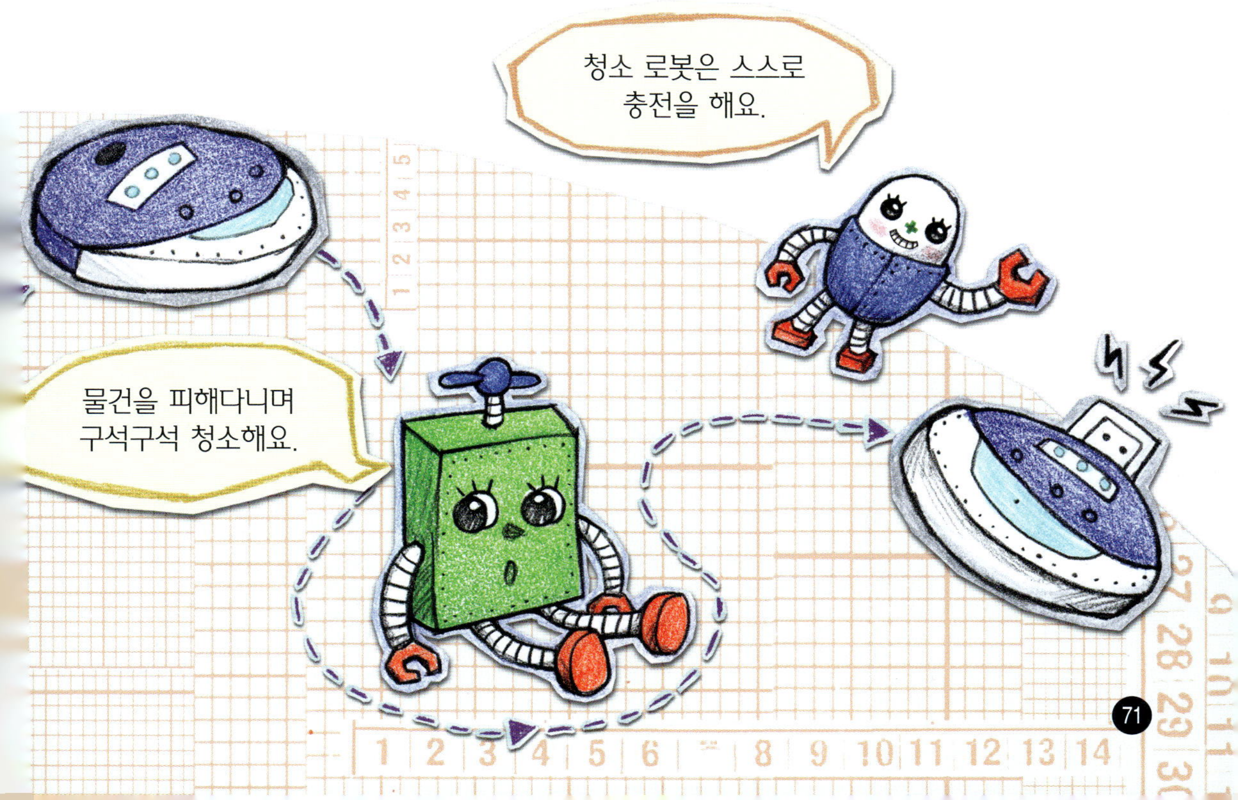

청소 로봇은 스스로 충전을 해요.

물건을 피해다니며 구석구석 청소해요.

탐사 로봇

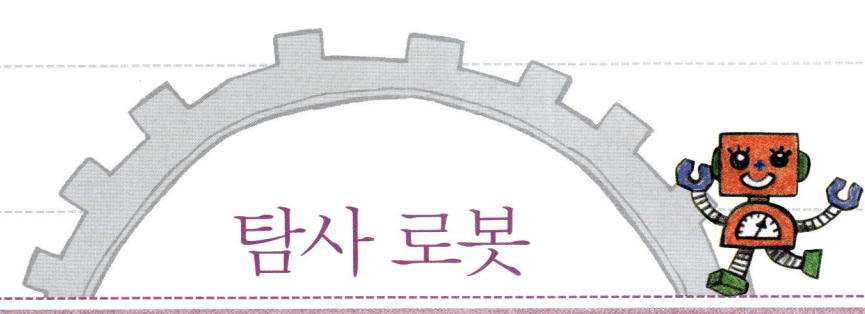

사람은 끝없는 호기심을 가지고 세상 모든 곳을 탐험해요.
머나먼 우주, 깊고 깊은 바다, 모든 것이 얼어붙어 있는 남극,
그리고 뜨거운 불과 용암을 뿜어내는 화산까지!
그런데 이런 곳들은 너무 위험하고 거친 곳이라서 탐험하다가
목숨을 잃은 사람들도 많았어요. 이제 사람들은 위험한 곳에는
로봇을 대신 보내서 탐사해요.
세상 모든 곳을 탐험하는 로봇들을 하나하나 만나 보아요.

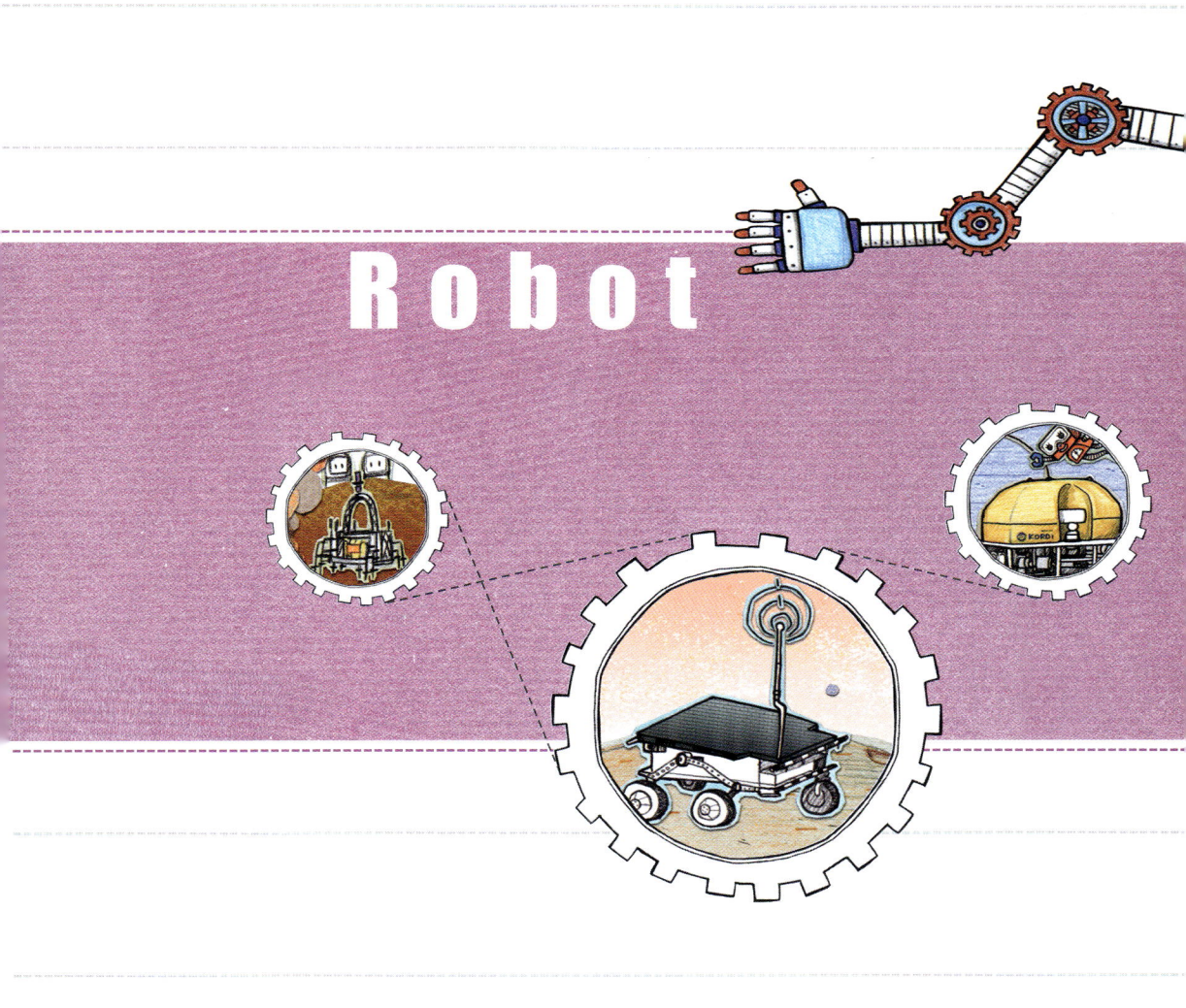

2장 · 신기한 로봇의 종류

최초의 화성 탐사 로봇은 뭐예요?

화성 탐사 로봇 '소저너'
자료제공: AFP/유로포토 서비스

1997년 미국의 우주선 패스파인더에 로봇이 올라탔어요. 화성으로 가서 탐사를 하기 위해서랍니다. 로봇의 이름은 '소저너'예요. 세계 최초로 화성을 탐사한 로봇이지요. 그 뒤 여러 로봇 우주인들이 우주로 날아가고 있어요.
지구 밖 우주는 우리가 사는 지구와는 달라요. 숨을 쉴 수 있는 공기도 없고, 엄청나게 춥거나 더운 곳도 많답니다. 우주 탐사 로봇은 뜨겁거나 차가운 환경에 적응할 수 있는 특별한 물질들로 만들어져요.

소저너는 화성에서 83일간 머물며 화성에 흙이 있는지, 생명체가 살고 있는지 등을 알려 주었어요. 2003년에는 쌍둥이 화성 탐사 로봇 '스피리트'와 '오퍼튜니티'가 발사된 지 7개월만에 화성의 땅 모양을 찍은 영상을 보내 주었답니다.

2장 · 신기한 로봇의 종류

바다 보물을 찾는 로봇이 있어요?

바닷속에는 수많은 보물이 숨겨져 있어요.
귀중한 광물 자원 말이에요.
하지만 사람은 깊고 깊은 바닷속으로 들어가기가 힘들어요.
물속에서는 숨쉬기가 어렵고 또 높은 압력 때문에
견디기가 어렵거든요.

사람들은 궁금한 바닷속을 탐험하기 위해
로봇을 대신 보냈어요.
해양 탐사 로봇은 바다 밑바닥을
헤치고 다니며 얼마나 많은 광물 자원이
있는지 조사해요.
또 바다에 떨어진 폭탄을 걷어 내기도
한답니다. 통신을 위한 선을 바닷속에
까는 것도 로봇이 하는 일이지요.

로봇이 남극에도 갈 수 있나요?

2장 · 신기한 로봇의 종류

남극 탐사 로봇 '노마드'
무게가 725kg이며, 1m 높이의 장애물을 넘을 수 있을 정도로 힘이 세지요.
자료제공: AFP/유로포토 서비스

남극은 무척이나 춥고 온통 꽁꽁 얼어 있어요.
남극 바다에는 얼음 덩어리들이 둥둥 떠 있지요.
남극은 그 누구도 선뜻 발을 들여놓기 힘든 곳이에요.
하지만 남극의 빙하에는 오래전 지구에서 일어난 일들이 새겨져 있어요.
얼음 속에는 우주에서 날아온 돌덩이인 운석도 들어 있답니다.
그래서 과학자들은 남극을 탐사하러 다녀요.
남극 탐사 로봇 '노마드'가 그곳에서 일을 하지요.
빙하의 얼음 조각을 가지고 와서 과학자들에게

줘요. 놀랍게도 운석인지 아닌지 스스로 판단해서 가지고 오지요. 노마드는 자동차만 한 크기로 4개의 큰 바퀴가 달려 있어요.

화산을 탐사하는 로봇이 있어요?

2장 · 신기한 로봇의 종류

1993년 미국 알래스카에서 화산을 탐사하던 과학자들이 그만 한꺼번에 목숨을 잃고 만 사건이 있었어요. 화산 구멍에서 나오는 가스 때문이었지요. 그 일이 있은 뒤, 과학자들은 화산 탐사를 로봇에게 맡기기로 마음먹었어요. 화산 탐사 로봇 '단테'는 거미처럼 8개의 다리를 지녔어요. 단테는 화산 구멍 속으로 들어가서 펄펄 끓는 용암과 가스를 조사해요. 조사한 자료는 컴퓨터를 통해 과학자들에게 전달되지요.

화산 탐사 로봇 '단테'
자료제공: 중앙포토

지금 활동하는 화산 탐사 로봇은 **단테2호**예요.
먼저 만들어진 단테1호는 남극의 화산을 탐사하다가 화산에서 나오는 뜨거운 열 때문에 그만 망가지고 말았답니다.

2장 · 신기한 로봇의 종류

폭탄을 없애 주는 로봇도 있나요?

위험한 폭탄이나 지뢰를 없애는 일을 도맡아 하는 로봇이 있어요. 지뢰는 밟으면 터지는 폭탄이에요. 사람들은 전쟁을 할 때 지뢰를 땅에 묻어 놓아요. 전쟁이 끝나면 모두 찾아 없애야 하지요. 우리나라에도 남한과 북한 사이 비무장지대에 지뢰가 많이 묻혀 있어요. 그래서 우리나라도 지뢰 제거 로봇 '롭해즈'를 만들었답니다. 롭해즈는 위험한 일을 도맡아 하는 용감한 로봇이에요. 지뢰나 폭탄을 발견하면, 롭해즈는 폭탄이 터지지 않도록 해체해요. 롭해즈는 어디든 돌아다닐 수 있는 발과 폭탄을 해체할 만큼 뛰어난 손이 달려 있어요.

위험 작업 로봇 '롭해즈-DT5'
이라크 자이툰 부대에 파견됐던
'롭해즈 DT-3'의 개량형이에요.
자료제공: (주)유진로봇

2장 · 신기한 로봇의 종류

로봇이 전쟁에 나갈 수 있어요?

보행형 군사 로봇 '견마 로봇'
다리가 4개여서 웬만한 지형도 쉽게 이동해요. 짐을 대신 들어 주거나 수색·탐색을 맡는 전투 지원 로봇이지요.
자료제공: 한국생산기술연구원

사람은 힘들고 위험한 일을 대신 시키려고 로봇을 만들었어요. 전쟁 또한 위험하지요. 사람들은 로봇을 전쟁에도 대신 내보내려고 해요. 벌써부터 사람이 타지 않은 로봇 비행기가 적에게 날아가 폭탄을 터뜨리는 일을 하고 있어요.

정찰용 군사 로봇 '미르-S'
주변을 살피고 물체를 감지하며, 무선으로 영상 자료를 보내요.
자료제공: 모스트아이텍

로봇은 전쟁에서 적의 움직임을 알아내는 일(정찰), 총을 쏘거나 폭탄을 터뜨리는 일(발포) 등 여러 가지를 한답니다. 전쟁에 나가는 로봇들은 상황을 판단할 만큼의 지능은 있지만, 좋은 일과 나쁜 일을 구분할 만큼 똑똑하진 않아요. 로봇에게 전쟁을 시키는 건 사람이지요.

꼬마 로봇은 어떤 일을 할까요?

2장 · 신기한 로봇의 종류

작은 꼬마 로봇들이 있어요.
전쟁에서 적의 움직임을 살펴보는 정찰 로봇이지요.
몰래 숨어들어 가야 하기 때문에 크기가 아주 작답니다.
꼬마 로봇들은 서로 협동하며 움직여요.
어떤 로봇은 냄새를 맡는 일을 하고, 어떤 로봇은 사람의
대화를 엿들어요. 사진만 찍어 오는 꼬마 로봇도 있어요.
이렇게 작은 꼬마 로봇들을 '밀리봇'이라고 불러요.

소나봇
1m까지 떨어진 장애물을 감지할 수 있어요.

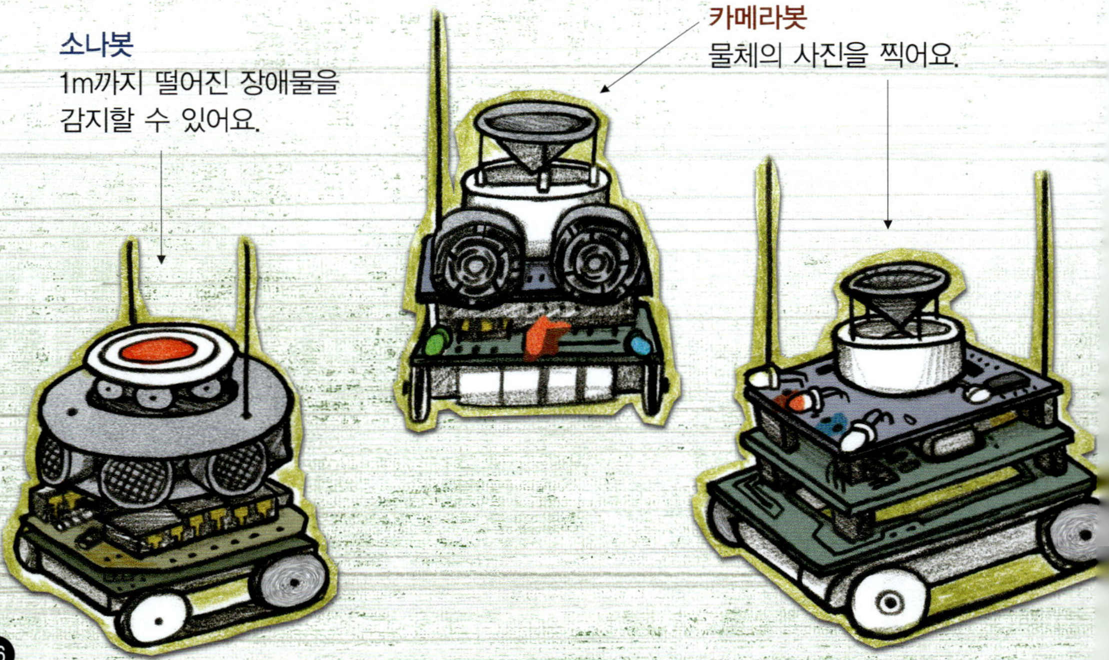

카메라봇
물체의 사진을 찍어요.

밀리봇이 꼭 전쟁에서만 쓰이는 건 아니에요. 강도가 인질을 잡고 있을 때, 밀리봇이 들어가 활약할 수 있지요. 또 불이 난 곳에 들어가 불을 끄는 밀리봇도 있어요. 밀리봇들은 꼬물꼬물 돌아다니며 각자 맡은 일을 한답니다. 밀리봇들은 동료 로봇이 고장 나면 서로 고쳐 주기도 해요.

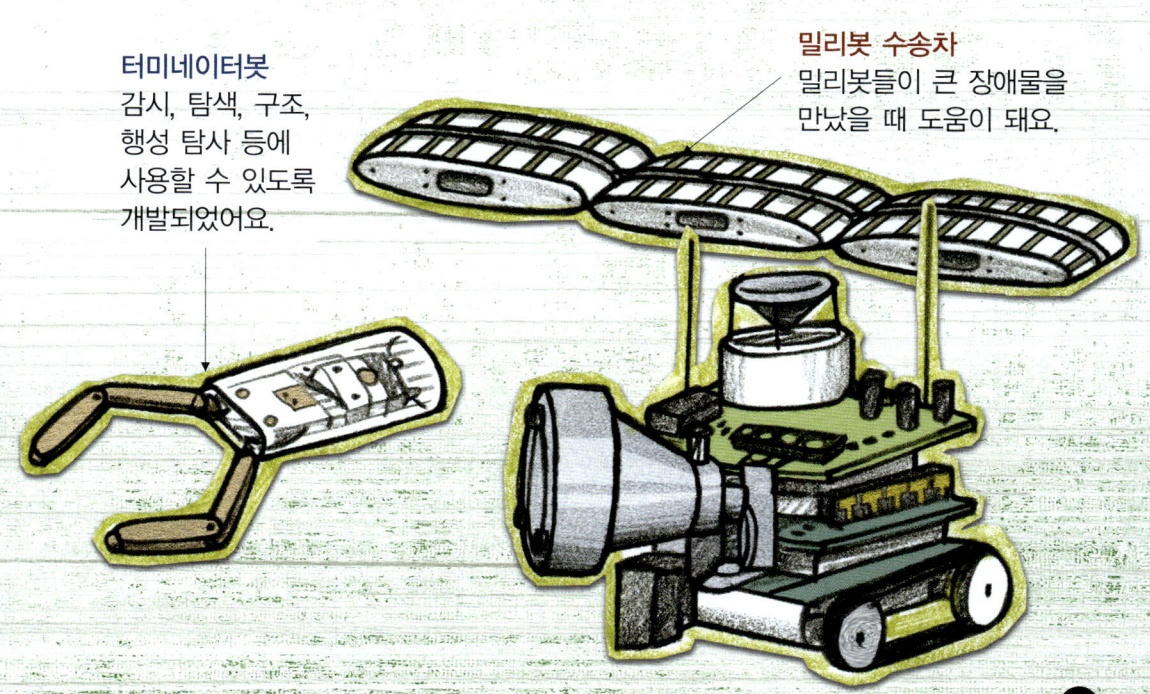

터미네이터봇
감시, 탐색, 구조, 행성 탐사 등에 사용할 수 있도록 개발되었어요.

밀리봇 수송차
밀리봇들이 큰 장애물을 만났을 때 도움이 돼요.

사람을 구조하는 로봇도 있나요?

2장 · 신기한 로봇의 종류

높은 건물에 불이 났어요. 지진으로 무너진 건물 안에 사람이 갇혔어요. 아, 어떻게 하면 좋죠? 걱정하지 마세요. '로버그3호'가 출동할 거예요. 로버그3호는 거미와 게를 본떠 만든 로봇이에요. 거미처럼 8개의 다리로 벽을 기어오르는 게 특기랍니다. 또 로버그3호는 천장에 붙어 걸어다닐 수도 있고, 100kg이나 되는 무거운 것도 척척 들어올려요. 불이 난 건물 안으로 들어가 사람을 구해 내는 일도 거뜬히 하지요. 로버그3호는 위험한 곳에서 활약하는 구조 로봇이거든요.

TIP

곤충을 본떠 만든 로봇 '로버그'
맨 처음 만들어진 로버그1호는 6개의 다리로 땅바닥에서 걸어다녔어요. 로버그2호부터 거미처럼 8개의 다리로 벽을 기어오르기 시작했어요. 로버그3호는 무거운 것도 들 수 있고, 장애물도 넘어 다닐 수 있게 더욱 발전했어요.

의사 로봇

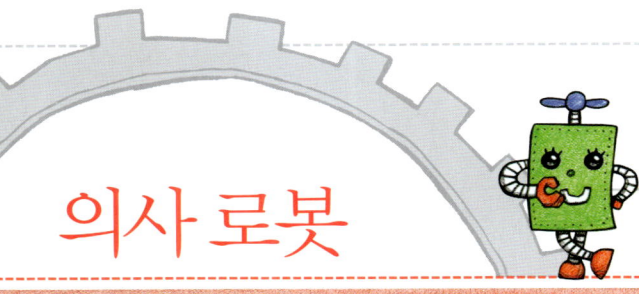

이제 사람이 병들어 아플 때면 로봇이 사람을 치료하고 돌봐 줘요.
의사 로봇은 까다로운 수술을 대신해 주고,
간호사 로봇은 병든 사람들을 돌봐 주지요.
미래에는 우리 모두에게 **의사 로봇**이 하나씩 있어서
날마다 우리 건강을 보살펴 줄 거예요.

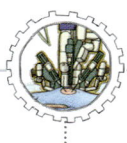     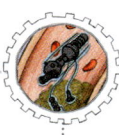

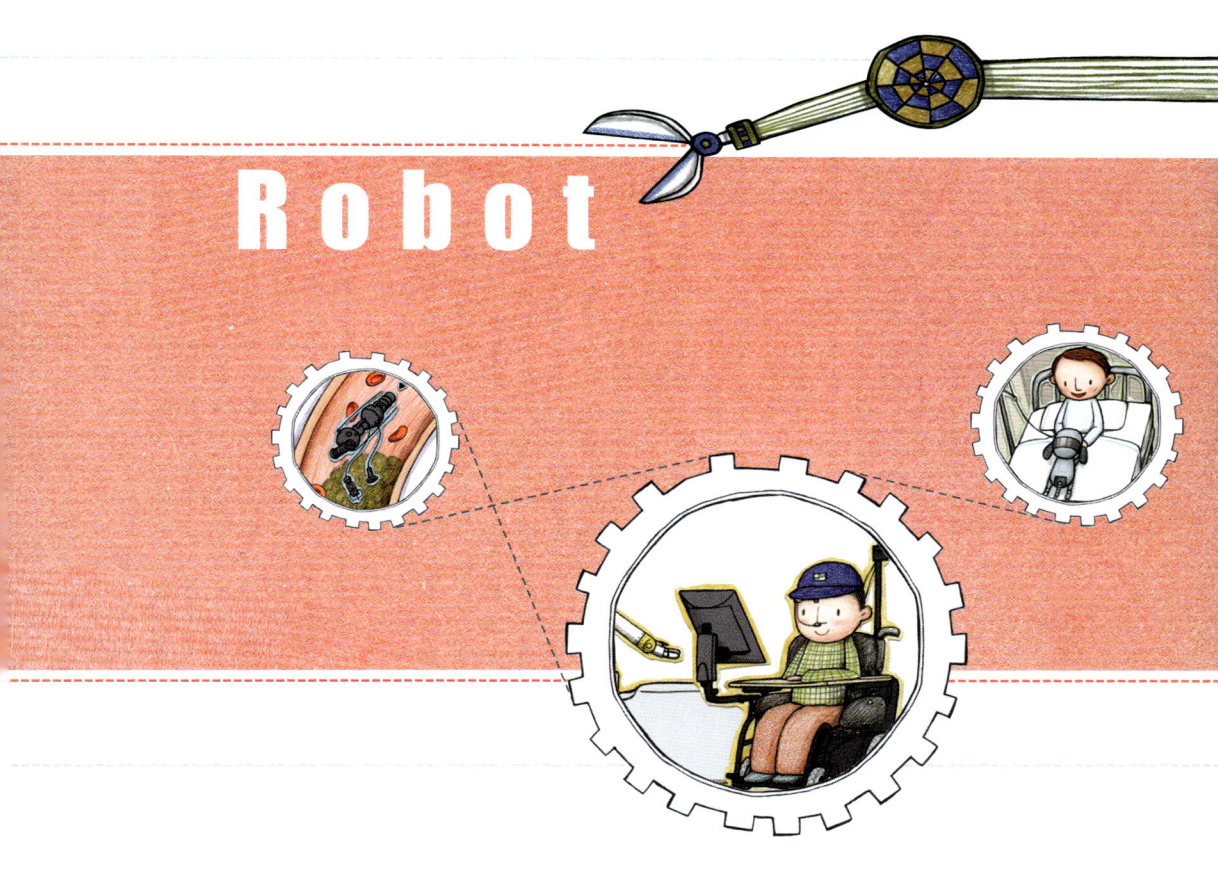

2장 · 신기한 로봇의 종류

의사 로봇도 수술할 수 있나요?

로봇은 여러 가지 장점을 가지고 있어요. 어떤 일이든 무척 꼼꼼하게 하거든요. 실수를 저지르는 일도 거의 없어요.
떨리거나 당황해서 일을 망치지도 않아요.
이런 특징 때문에 로봇이 사람보다 더 잘 할 수 있는 일이 있답니다. 바로 환자를 수술하는 일이에요.
수술을 할 때는 아주 조심조심 꼼꼼해야 하지요.
의사 로봇이 수술을 할 때는 걱정 없어요.
기계답게 정확하고 세심하게 일을 해내거든요.
사람 손으로는 쉽게 하기 힘든 수술도 로봇은 끄떡없이 해낸답니다.

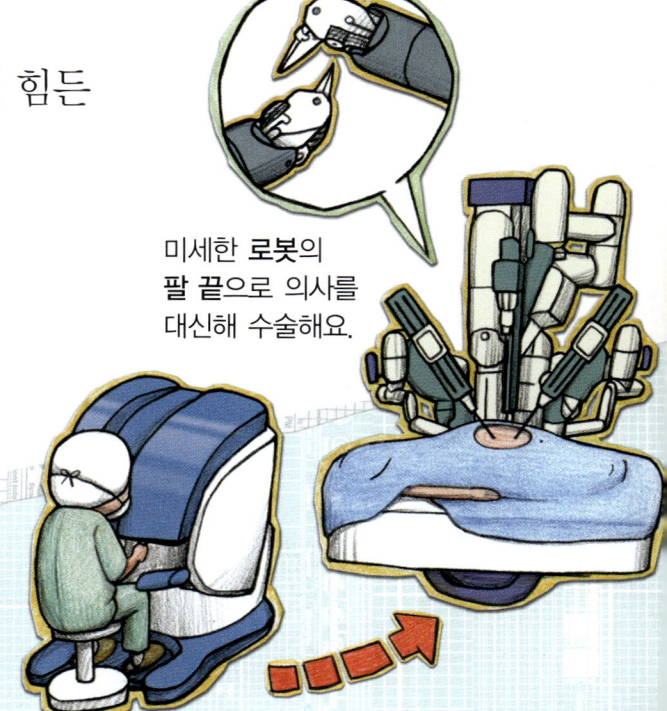

미세한 **로봇**의 **팔 끝**으로 의사를 대신해 수술해요.

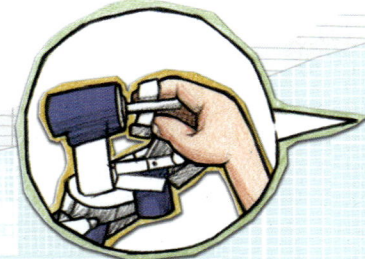

의사가 손으로 기계를 조종해요.

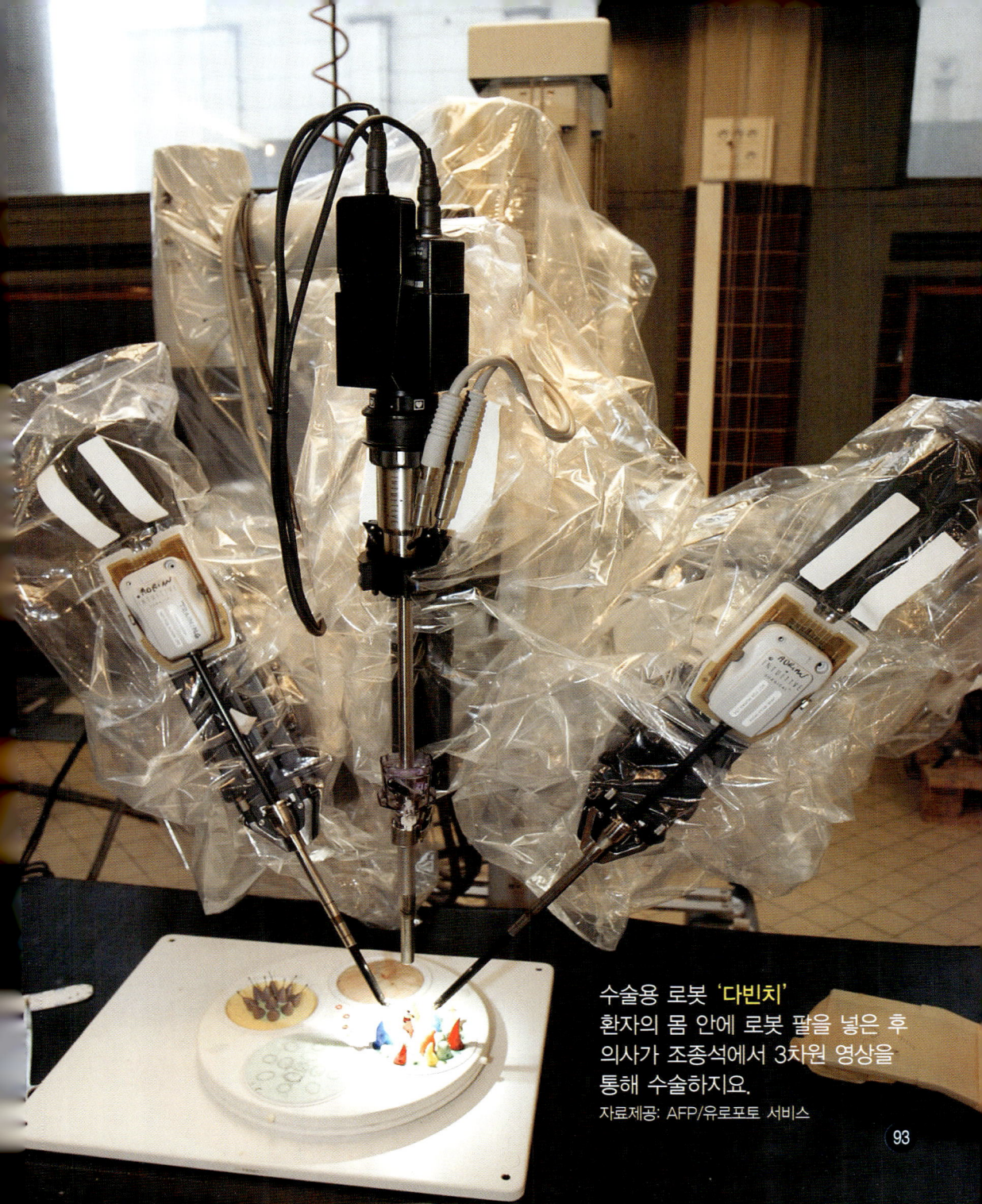

수술용 로봇 '다빈치'
환자의 몸 안에 로봇 팔을 넣은 후 의사가 조종석에서 3차원 영상을 통해 수술하지요.
자료제공: AFP/유로포토 서비스

2장 · 신기한 로봇의 종류

재활 로봇은 무슨 일을 해요?

큰 사고를 당해 갑자기 장애인이 되는 사람들이 있어요.
장애인이 되면 생활이 무척 불편해져요.
마음대로 걷지 못하고 팔을 제대로 쓰지 못할 수도 있지요.
이때 재활 로봇의 도움을 받는다면 훨씬 나을 거예요.
장애인들은 로봇 팔이나 로봇 다리를 자기 몸에
이어 붙이기도 해요. 이 로봇 팔다리는 사람 뇌에서
나오는 전기 신호로 움직이지요.

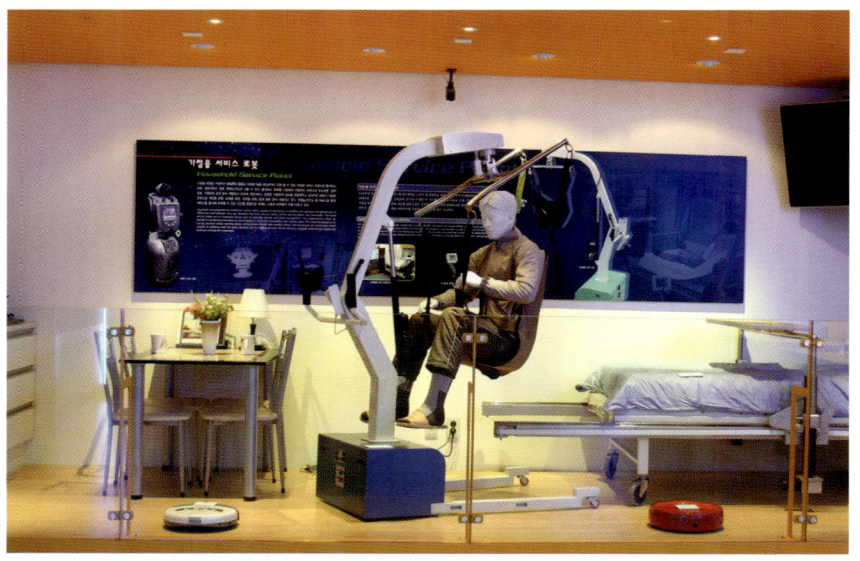

가정용 재활 로봇 몸이 불편한 장애인을 편하게 움직일 수 있도록 도와줘요.
자료제공: 부천로보파크

그리고 손목을 구부리거나
손가락을 펼치는 일도 자유롭게 할 수 있어요.

> 한국과학기술원에서 만든 재활 로봇 **'카레스'**
> 카레스는 장애인이 혼자서 하기 힘든 일들을
> 도와줘요. 밥 먹기, 세수하기, 바닥에 떨어진
> 물건 집기, 불 켜고 끄기 등을 대신하지요.

2장 · 신기한 로봇의 종류

로봇이 할머니, 할아버지의 친구가 될 수 있을까요?

오늘의 날씨를 말씀드리겠습니다.

몸에 좋은 건강차 드세요.

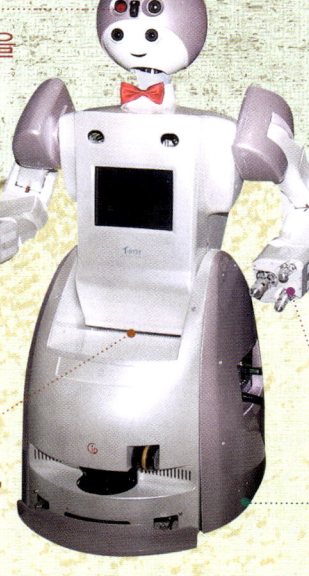

카메라가 2대 달려 있어 사물을 잘 인식해요.

7개의 관절이 있는 3개의 손가락으로 힘을 조절해 물건을 잡아요.

150cm, 120kg으로, 보통 성인보다 작고 친근한 모습이에요.

섬세한 손끝으로 엘리베이터 버튼을 누르는 '**티롯**'

손끝에 **인공 피부**를 달아 촉감을 잘 느껴요.

바퀴를 달아 실내를 자유롭게 다닐 수 있어요.

촉감 로봇 '**티롯**' 자료제공: 한국과학기술연구원 김문상 박사

병든 할머니, 할아버지들에게 늘 곁에 있어 주는 애완동물이 있다면 좋겠지요? 하지만 애완동물은 손이 많이 가기 때문에 어른들을 오히려 힘들게 할 수 있어요. 생각하는 촉감 로봇 '티롯'은 움직이기 불편한 노인이나 장애인을 위해 심부름을 해 줘요. 심심할 때는 말벗이 되어 주지요. 티롯은 사람처럼 부드러운 피부와 손놀림도 갖추었어요. 또 실버 도우미 '티롯'은 아침에 잠도 깨워 주고 날씨와 뉴스도 알려 주지요. 게임도 함께하고 필요한 공부도 함께해요.

2장 · 신기한 로봇의 종류

로봇이 사람의 몸속에 들어갈 수 있나요?

미래에는 아주 작은 로봇이 우리 몸속으로 들어가서 병을 치료할지도 몰라요.

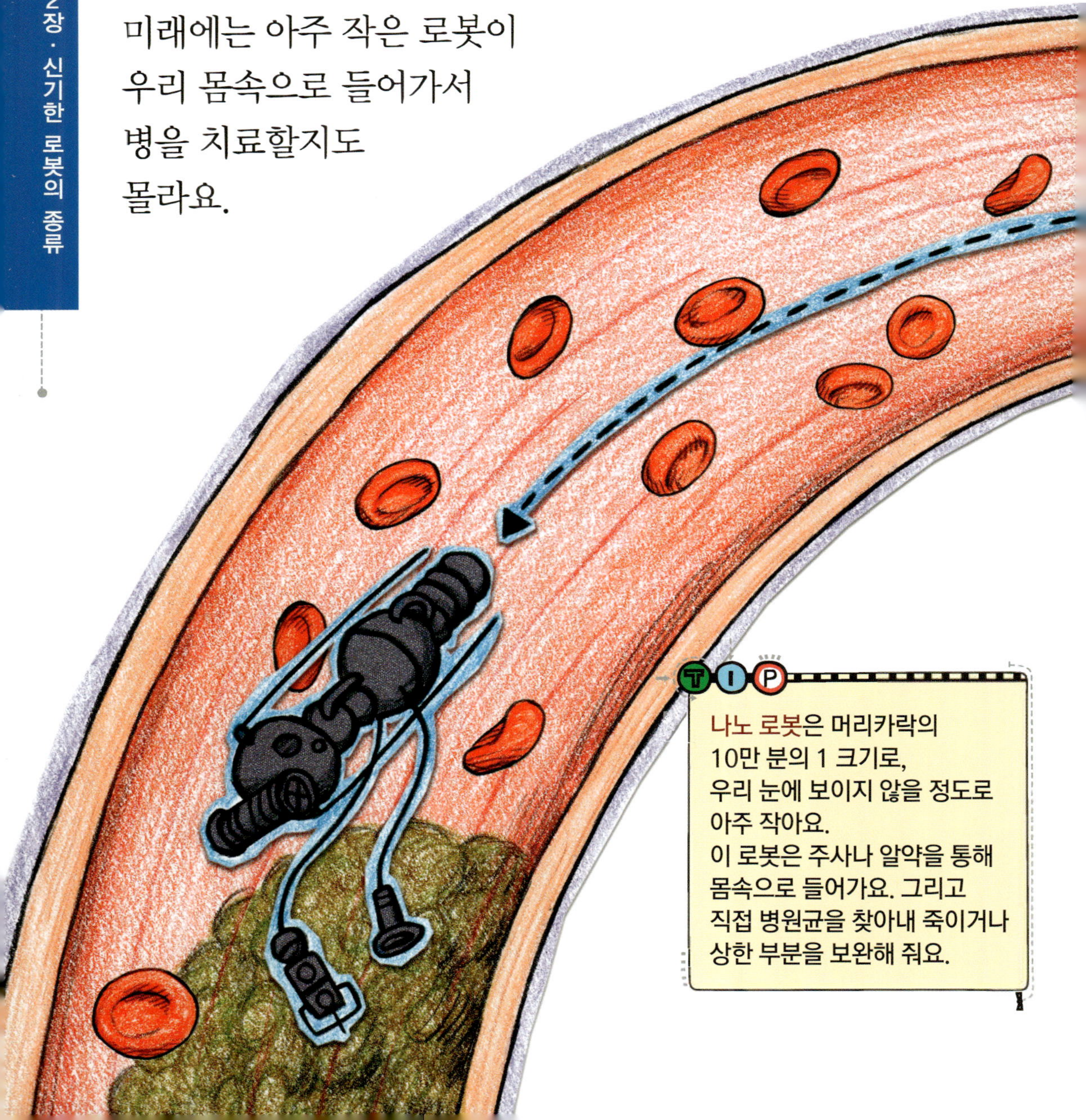

TIP

나노 로봇은 머리카락의 10만 분의 1 크기로, 우리 눈에 보이지 않을 정도로 아주 작아요.
이 로봇은 주사나 알약을 통해 몸속으로 들어가요. 그리고 직접 병원균을 찾아내 죽이거나 상한 부분을 보완해 줘요.

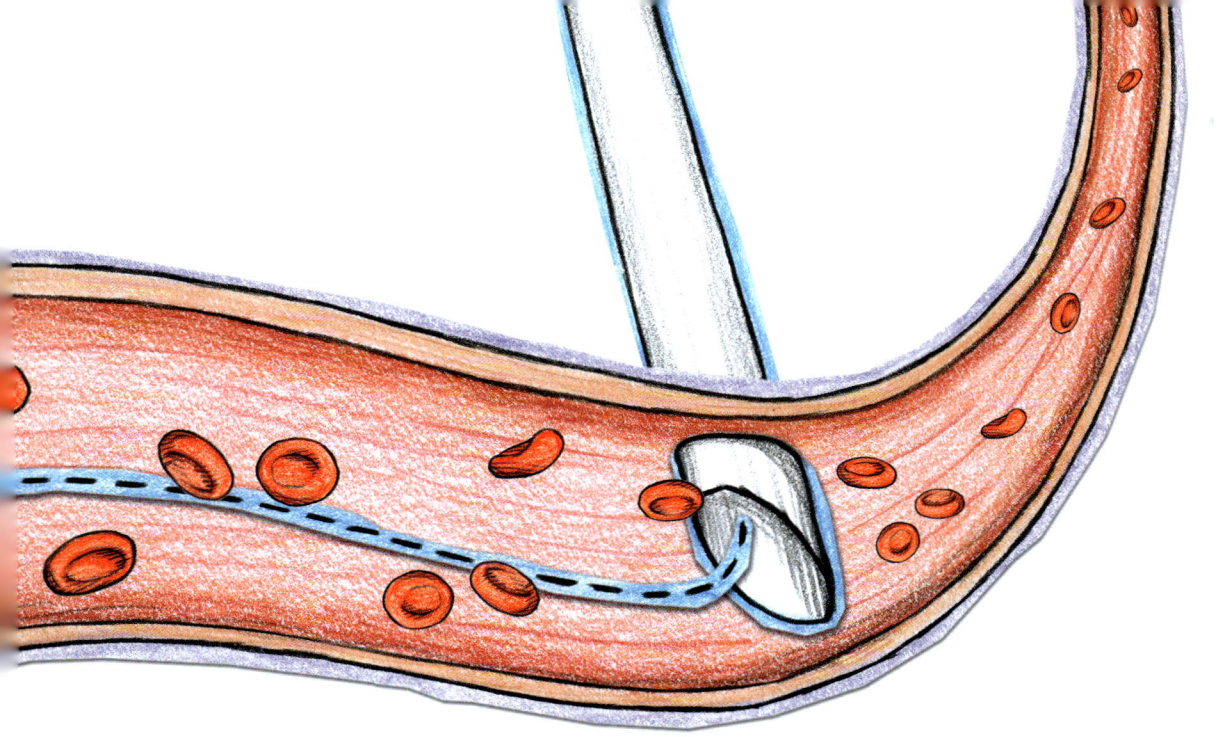

이 작은 로봇을 '나노 로봇'이라고 해요.
핏줄 속을 돌아다닐 만큼 작은 로봇이에요. 눈에 보이지 않을 정도로 작지요. 나노 로봇은 사람 몸속을 돌아다니며 작은 수술을 하거나 직접 병과 싸운답니다.
의사는 컴퓨터로 살펴보면서 나노 로봇을 조종하지요.
우리나라에서도 나노 로봇을 만들 수 있는 방법을 알아냈어요. 조금만 기다리면 아주 작은 의사 로봇, 나노 로봇을 만날 수 있을 거예요.

휴머노이드 로봇

휴머노이드는 사람처럼 생긴 로봇을 말해요.
사람처럼 두 팔과 두 다리, 그리고 머리와 몸통을 지닌
로봇이지요. 두 다리로 걷는 로봇은 벌써 나왔어요.
하지만 완전히 사람 같은 로봇을 만들려면 아직도 멀었지요.
그래도 로봇을 사랑하는 과학자들은
꼭 진짜 사람 같은 **휴머노이드**를 만들고 싶어해요.

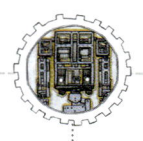     

Robot

2장 · 신기한 로봇의 종류

세계 최초 휴머노이드 로봇은 뭐예요?

세계 최초 휴머노이드 로봇, 그 주인공은 '와봇1'이에요. 일본에서 만든 휴머노이드 로봇이랍니다. 와봇1은 두 다리로 몇 걸음 걸을 수 있고, 손으로 간단한 물건을 붙잡을 수 있었어요.

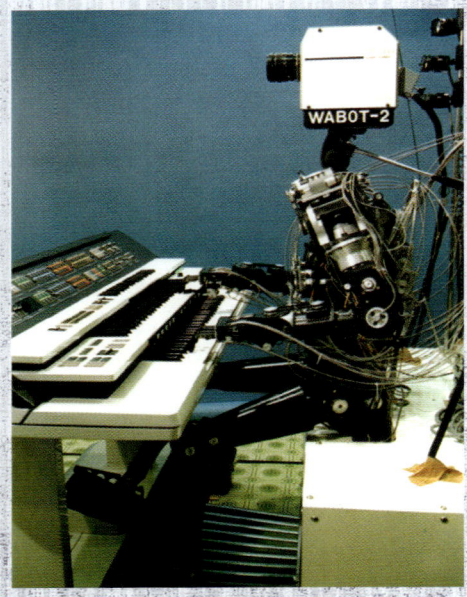

와봇2

와봇1

와봇1에 이어서 와봇2도 나왔어요. 와봇2는 눈으로 직접 악보를 읽고, 열 손가락으로 피아노를 쳐요. 하지만 일어서지는 못해요. 그냥 피아노 의자에 앉아만 있지요.

102

사람들과 인사를
나눌 줄도 알았지요.
하지만 와봇1은
로봇보다 인형에
가까웠어요.
스스로 생각해서
움직이는 능력이
떨어졌거든요.

T I P

휴머노이드란 단어는
'외모가 인간처럼
생겼다.' 라는 뜻이에요.
로봇뿐만 아니라 어떤
것이든 겉모습이 사람처럼
두 팔, 두 다리가 있으면
휴머노이드라고 말한답니다.

2장 · 신기한 로봇의 종류

우리나라 최초 휴머노이드 로봇은 뭐예요?

우리나라에서 가장 먼저 만들어진 휴머노이드 로봇은 '센토'예요. 하지만 완전히 사람처럼 생기진 않았어요. 센토는 허리 위는 사람, 허리 아래는 말의 모습을 하고 있어요. 다리가 4개거든요. 그리고 손은 자유롭게 움직일 수 있어요. 또 시각, 청각, 촉각 등 감각을 가지고 있고, 생각할 줄도 알아요. 센토의 개발로 우리나라에도 휴머노이드 로봇 시대가 열린 거예요.

첫 휴머노이드 로봇 '센토'
센토는 1999년 한국과학기술연구원의 김문상 박사가 개발했어요. 180kg 몸을 1m 움직이는데 1분이 걸리고, 물컵을 조심스레 옮길 수 있어요.

'인사해.', '청소해.' 등 50여 가지 단어와 **명령**을 알아듣고 대답해요.

맞으면 화면이 빨간색으로 변하며 **화난 모습**이 나와요.

감정도 표현하는 휴머노이드 로봇 '아미' 프랑스어로 친구를 뜻하는 아미는 감정도 표현하는 똑똑한 로봇이에요.
자료제공: 한국과학기술원 양현승 교수

사람과 악수할 수 있고, **진공청소기**로 청소도 해요.

온몸에 36개의 **센서**와 2대의 **카메라**가 달려 있어요.

155cm, 100kg이며, 원통형의 몸통에 배터리가 들어 있어요.

 센토 다음으로는 '아미'가 있어요. 아미는 허리 위는 사람 모양이지만, 아래쪽은 원통 모양으로 생겨서 바퀴로 움직이는 로봇이에요. 아미는 사람 얼굴을 알아보는 똑똑한 로봇이에요. 감정 표현도 할 줄 안답니다.

2장 · 신기한 로봇의 종류

휴보 로봇은 누가 만들었어요?

'휴보'는 두 팔과 두 다리를 가지고 있어 진짜 사람처럼 생긴 로봇이에요. 무릎과 발목에 관절이 있어서 사람처럼 걸으며, 계단을 오르내릴 수 있고 간단한 춤도 출 수 있지요. 사람과 악수를 하고, 가위, 바위, 보를 할 줄도 알아요. 휴보는 먼저 만들어진 센토와 아미보다 더욱 발전한 로봇이에요. 이 멋진 로봇은 한국과학기술원의 오준호 박사와 연구원들이 만들었어요.

알버트 휴보

악수하는 **'휴보'**

휴보를 개발한 오준호 교수와 연구원들

춤추는 **휴보**

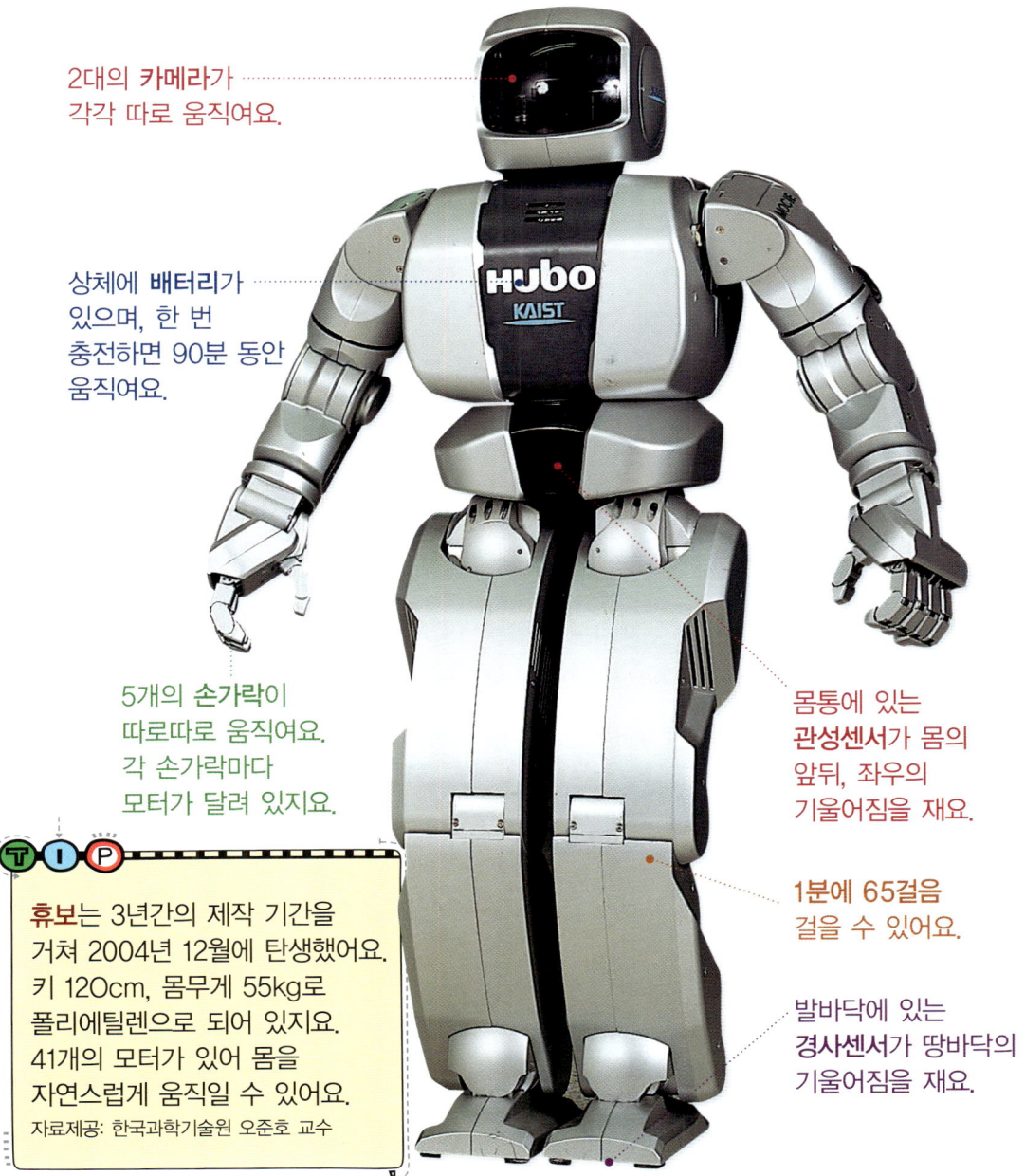

2대의 **카메라**가 각각 따로 움직여요.

상체에 **배터리**가 있으며, 한 번 충전하면 90분 동안 움직여요.

5개의 **손가락**이 따로따로 움직여요. 각 손가락마다 모터가 달려 있지요.

몸통에 있는 **관성센서**가 몸의 앞뒤, 좌우의 기울어짐을 재요.

1분에 **65걸음** 걸을 수 있어요.

발바닥에 있는 **경사센서**가 땅바닥의 기울어짐을 재요.

> **휴보**는 3년간의 제작 기간을 거쳐 2004년 12월에 탄생했어요. 키 120cm, 몸무게 55kg로 폴리에틸렌으로 되어 있지요. 41개의 모터가 있어 몸을 자연스럽게 움직일 수 있어요.
> 자료제공: 한국과학기술원 오준호 교수

2장 · 신기한 로봇의 종류

마루와 아라가 왜 똑똑한 로봇이에요?

2005년, 우리나라에 또 한 쌍의 휴머노이드 로봇이
태어났어요. 커플 로봇 '마루'와 '아라'예요.
마루는 남자 로봇, 아라는 여자 로봇이지요.
마루와 아라는 무거운 뇌를 머리에 달고 있는 대신에
무선으로 컴퓨터와 연결되어 있어요.
그래서 더욱 더 똑똑해졌답니다.
로봇끼리 네트워크를 통해 서로 지식을 나눌 줄도 알아서,
힘을 합해 더 많은 일을 할 수 있어요.
마루와 아라는 주인을 알아보고 다가와 부드럽게 악수를
하기도 해요.

자료제공:
한국과학기술연구원
유범재 박사

NBH-1 **'마루'**
세계 최초 네트워크형 휴머노이드
로봇으로 무한한 지능을 가질 수 있어요.

NBH-1의 여성형 **'아라'**
마루와 아라는 키 150cm, 몸무게
67kg이며, 걷는 속도는 0.9km예요.

마루는 '높은 곳'을 뜻하는 순 우리말이에요.
아라는 '주인을 알아보는' 로봇이라는 뜻에서 지은 이름이고요.
로봇을 소재로 한 만화영화 〈태권 동자 마루치 아라치〉의 주인공 이름과도
비슷하게 지었다고 해요.

2장 · 신기한 로봇의 종류

달리기를 하는 로봇이 있어요?

아시모는 계단을 오르내릴 수 있어요.

아시모는 일본에서 만든 휴머노이드 로봇이에요. 사람의 모습에 한 걸음 더 가까워졌지요. 아시모는 계단도 오르내릴 수 있답니다. 로봇이 계단을 오르내리기 위해서는 어렵고 복잡한 기술이 필요해요. 평평한 땅에서 걷는 것보다 몇 배나 복잡하거든요. 아시모의 가장 큰 자랑거리는 달리기예요. 휴머노이드 로봇답게, 사람 얼굴을 알아보고, 손을 흔들어 인사도 하지요.

아시모는 달리기도 할 수 있어요.
자료제공: 혼다

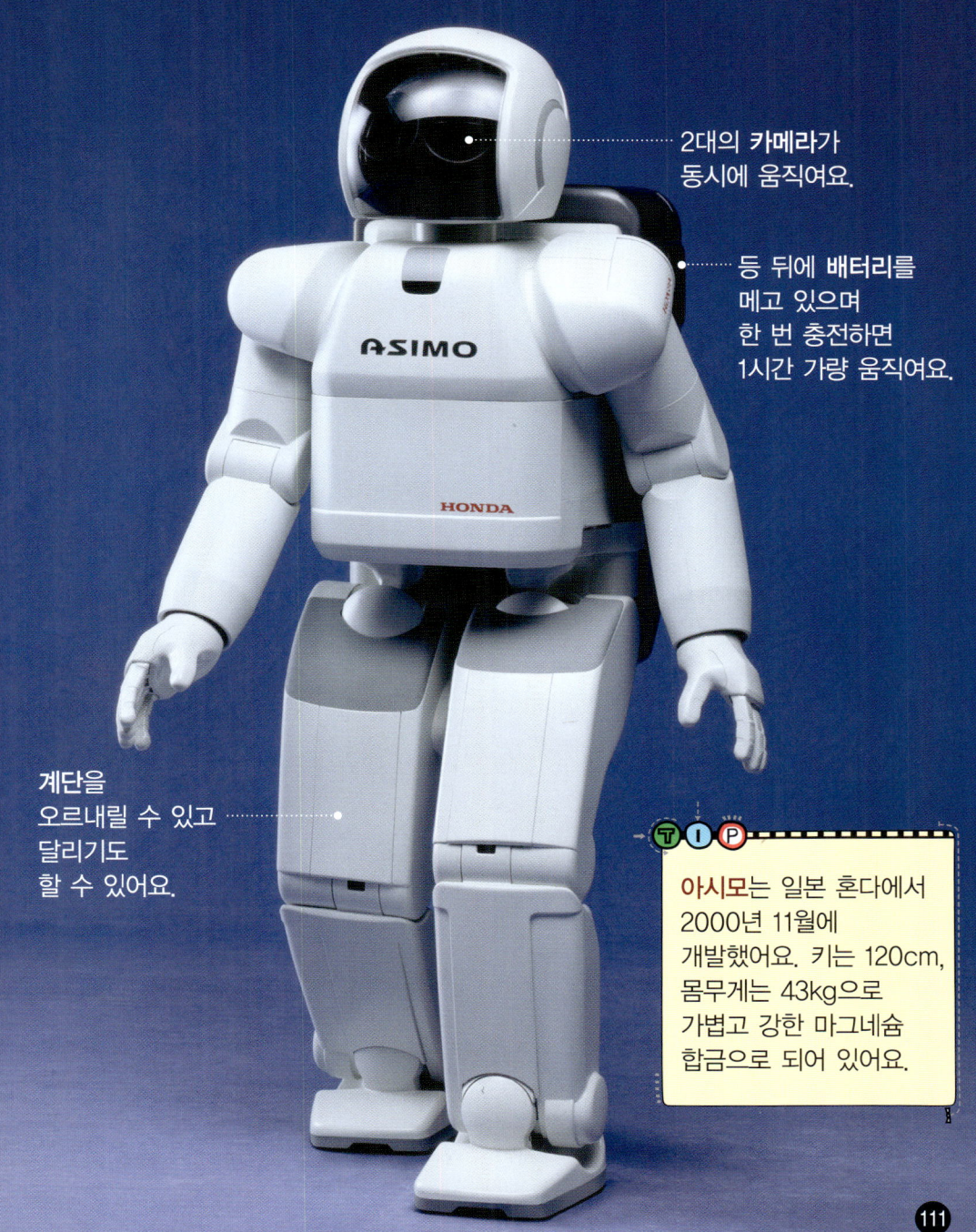

2대의 카메라가
동시에 움직여요.

등 뒤에 배터리를
메고 있으며
한 번 충전하면
1시간 가량 움직여요.

계단을
오르내릴 수 있고
달리기도
할 수 있어요.

TIP

아시모는 일본 혼다에서 2000년 11월에 개발했어요. 키는 120cm, 몸무게는 43kg으로 가볍고 강한 마그네슘 합금으로 되어 있어요.

2장 · 신기한 로봇의 종류

로봇이 사람과 똑같이 생겼다고요?

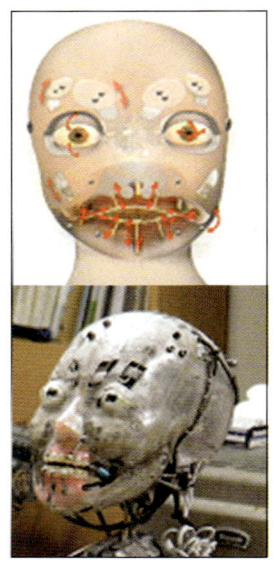

에버원 머리 내부

인조인간 로봇 '안드로이드'는 겉모습이 사람하고 진짜 똑같아요. 그래서 사람인지 로봇인지 구별하기 힘들지요. 피부도 깡통 같은 금속이 아니라 사람 피부처럼 말랑말랑해요. 게다가 사람과 똑같이 얼굴로 감정을 나타낼 수 있지요.
우리나라의 가장 대표적인 얼굴 감정 표현 로봇은 에버원이에요.
에버원은 사람처럼 얼굴 근육을 움직여 웃기도 하고, 기분이 나쁠 때는 얼굴을 찡그리기도 해요. 상대방의 얼굴을 알아보고, 눈을 맞출 줄도 알아요.

우리나라 최초의 얼굴 감정 표현 로봇 **'알버트 휴보'**
과학자 아인슈타인의 얼굴을 지니고 있지요.
자료제공: 한국과학기술원 오준호 교수

2장 · 신기한 로봇의 종류

노래하며 춤추는 연예인 로봇이 있어요?

춤추는 꼬마 로봇 '**로보노바**'
자료제공: 부천로보파크

감정을 표현하는 로봇 에버원에 이어, 노래하고 춤추는 안드로이드 로봇이 만들어졌어요. 이 로봇의 이름은 '에버투 뮤즈'예요. 에버투 뮤즈는 연예인 로봇이랍니다. 하지만 사실 노래는 직접 부르는 게 아니에요. 입만 뻥긋거리며 흉내를 내는 거예요. 그래도 춤은 진짜예요. 에버투 뮤즈는 온몸에 60개의 관절이 있어요. 관절들을 움직여 다양한 춤을 보여 준답니다.

와~ 춤 잘 추네!

2장 · 신기한 로봇의 종류

사람일까요, 로봇일까요?

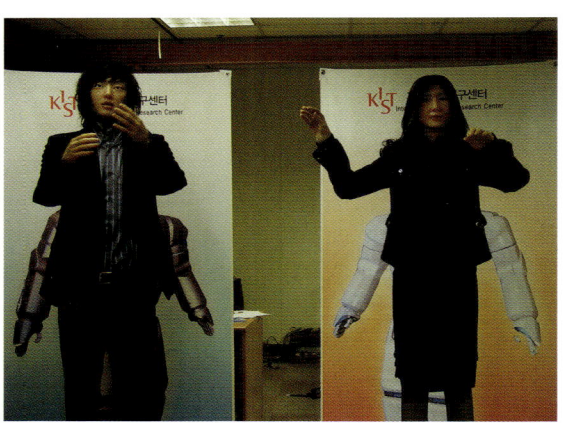

안드로이드 로봇 '로보킨'은 마네킨 로봇이라 불려요. 로보킨은 백화점, 패션쇼 등에서 멋진 옷을 입고 포즈를 취하는 모델로 사용될 거예요.

마네킨 로봇 **'로보킨'**
영화배우 이준기와 한채아의 모습을 본뜬 안드로이드 로봇이에요.
자료제공: 한국과학기술연구원 유범재 박사

도대체
누가 사람이고
누가 로봇이지?

지금은 과학소설이나 영화에서만 볼 수 있지만, 앞으로는 사람과 정말 똑같은 로봇이 나올 거예요. 그렇게 되면 아마, 두 눈을 크게 뜨고 보아야만 로봇과 사람을 구별할 수 있을 거예요.

2장 · 신기한 로봇의 종류

사람만큼 똑똑한 로봇은 언제 나올까요?

로봇은 점점 똑똑해질 거예요.
현재까지 만들어 낸 로봇은
도마뱀 정도의 지능을 갖고 있어요.
하지만 10년쯤 뒤에는 생쥐 정도의 지능을 갖게 될 거예요.
그리고 또 10년이 지나면, 원숭이만큼
머리가 좋아질 거예요. 2040년쯤에는 사람만큼
똑똑한 로봇이 만들어질 수도 있어요.
지금의 로봇보다 몇 배나 똑똑한 로봇이지요.
그 뒤에는 사람보다 더 똑똑한
로봇이 나올 지도 몰라요.

사람이 움직일 수 있는 건 뇌가 있기 때문이에요.
로봇도 사람처럼 뇌가 있어요. 바로 **중앙처리장치**(CPU)이지요.
로봇의 모든 행동이 중앙처리장치에 의해 결정된답니다.

운동하는 로봇

로봇은 생명체가 아니기 때문에
오랫동안 운동을 해도 지치지 않아요.
그런데 로봇이 사람처럼 **운동**을 할 수 있을까요?
놀라지 말아요. 로봇만을 위한 **로봇 올림픽**도 있답니다.
운동하는 로봇을 만나 볼까요?

 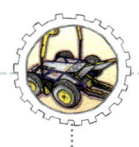    

로봇은 어떻게 축구 경기를 할까요?

2장 · 신기한 로봇의 종류

로봇 축구는 작은 경기장에서 3~7대 정도의 조그만 축구 로봇들이 한 팀을 이루어 경기를 해요. 작은 공을 골문에 넣으면 점수를 따지요.

휴로 축구 로봇 'HSR로봇'
자료제공: 한국과학기술원 김종환 교수

로봇 축구 선수들은 지능형 로봇이에요.
먼저 사람들이 작전 프로그램을 컴퓨터로 짜 주면,
그 다음은 로봇이 스스로 생각하며 경기를 한답니다.
축구는 혼자 하는 경기가 아니라, 팀원이 의견을
주고받으며 함께 하는 경기예요.
로봇 축구 선수들도 함께 생각하며 경기를 해요.
로봇들은 컴퓨터로 연결되어 서로 정보를 주고받아요.
축구 로봇에게는 눈 대신 위쪽에 카메라가 달려 있어요.

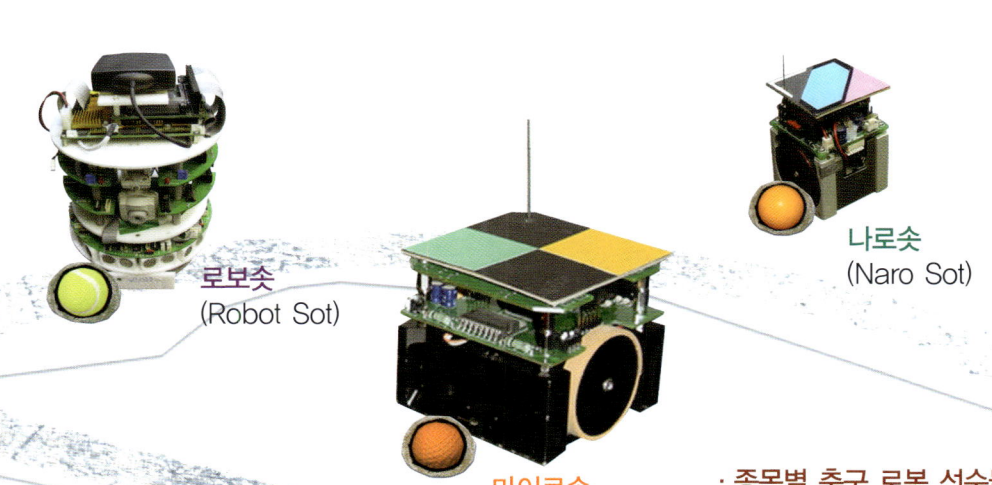

로보솟
(Robot Sot)

마이로솟
(Miro Sot)

나로솟
(Naro Sot)

· 종목별 축구 로봇 선수들
자료제공: 대한로봇축구협회

2장 · 신기한 로봇의 종류

로봇 축구 대회가 있어요?

여러 로봇 축구팀이 서로 경기하여 실력을 뽐내는 '로봇 월드컵' 대회가 있어요. 축구 로봇은 우리나라에서 처음 만들어 냈어요. 1995년에 한국과학기술원에서 축구 로봇을 만들어 로봇 축구 대회를 시작했답니다. 축구 로봇은 인공 지능과 센서, 로봇 제어 등 로봇 과학을 발전시킬 뿐 아니라, 경기를 보는 재미도 있어서 많은 젊은 과학도들이 참여하고 있어요. 이제 로봇 축구 대회는 우리나라뿐 아니라, 세계 51개 나라에서 참여하는 국제적인 월드컵 대회랍니다.

로봇 축구 대회는 'FIRA 로봇 월드컵'이라는 이름으로 매년 열리고 있어요. 아시아·태평양, 북아메리카, 남아메리카, 유럽 등 4개 대륙의 예선전을 거쳐 대회를 한답니다.

| 휴로솟 | 로보솟 | 나로솟 | 마이로솟 |

로봇 축구 장면들 자료제공: 대한로봇축구협회

2장 · 신기한 로봇의 종류

서로 싸우는 로봇이 있다고요?

"어, 이런! 로봇들이 화가 났나 봐!"
로봇끼리 치고 밀고 넘어뜨려요. 왜 그럴까요?
정말 화가 난 걸까요?
지금 이 로봇들은 격투를 벌이고 있는 거예요.
사람이 무선 조정기로 조정을 해서 싸우는 거랍니다.
로봇에 관심이 있는 어린이와 학생들이
직접 로봇을 만들어 크고 작은 격투 로봇 대회에 참가해요.
저마다 다양한 모양을 하고 있지요.
주로 바퀴로 움직이는 납작한 로봇이 많아요.
아무리 싸워도 끄떡없게
말이에요.

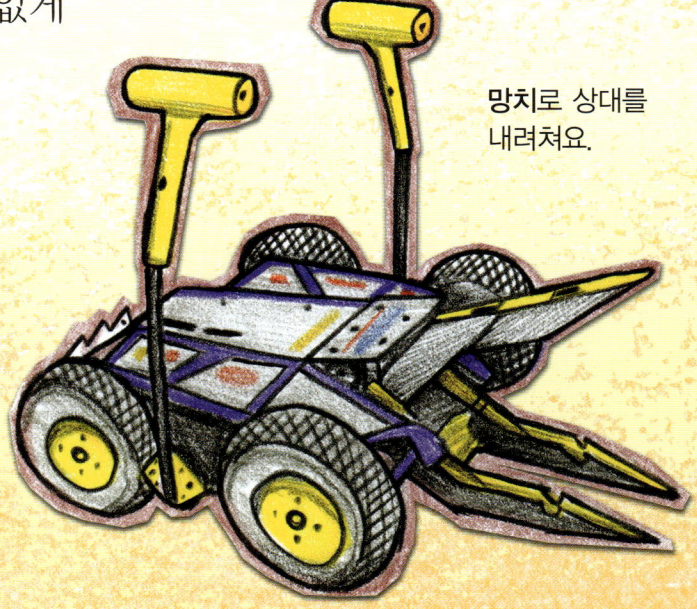

망치로 상대를 내려쳐요.

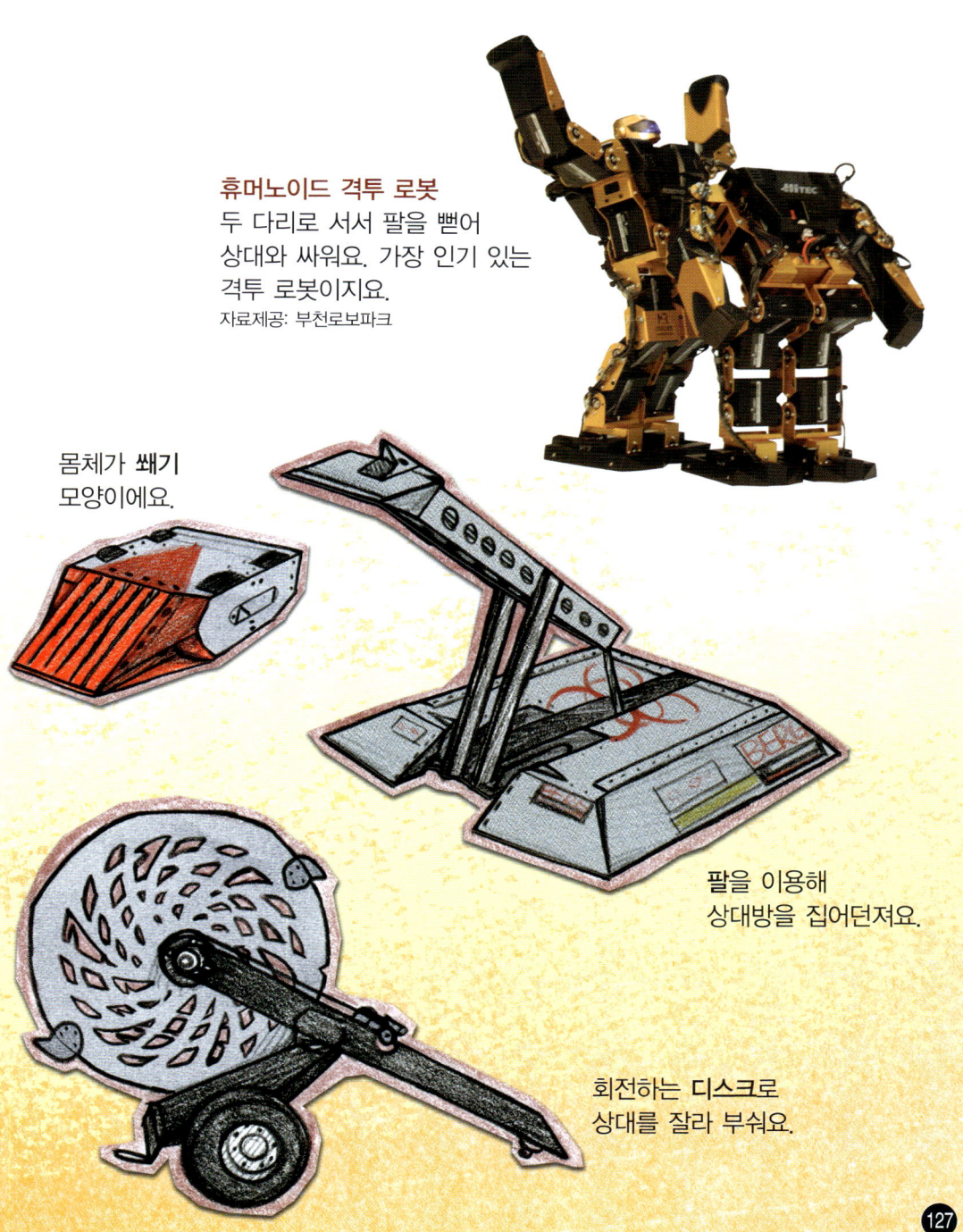

휴머노이드 격투 로봇
두 다리로 서서 팔을 뻗어 상대와 싸워요. 가장 인기 있는 격투 로봇이지요.
자료제공: 부천로보파크

몸체가 **쐐기** 모양이에요.

팔을 이용해 상대방을 집어던져요.

회전하는 **디스크로** 상대를 잘라 부숴요.

2장 · 신기한 로봇의 종류

로봇 격투 대회는 어디서 열려요?

사람처럼 두 다리를 가진 로봇끼리 싸우는 격투 대회도 있어요. 바로 휴머노이드 로봇의 대결, '로보원' 대회랍니다. 로보원 대회는 2002년 일본에서 처음 시작되었어요. 우리나라에서도 2003년부터 시작해 해마다 열렸답니다.

부천로보파크에서는 2011년부터 로봇 격투 대회 '휴머노이드 로봇 아레나 대회'를 열고 있어요. 이 대회에는 전국의 초등학생, 중학생, 고등학생으로 이뤄진 60여 팀이 출전하지요.

로보원 대회 결승전 장면
자료제공: 한국로보원조직위원회 장성조 위원장

로봇은 장애물을 어떻게 피해요?

2장 · 신기한 로봇의 종류

사람은 눈으로 앞을 보고 장애물을 피해 가요.
로봇에게는 센서가 눈 역할을 해요.
센서는 소리나 빛으로 주변에 무엇이 있는지 미리
알아봐 주는 기계 장치예요.
적외선 센서나 초음파 센서를 달아 주면, 로봇은 빛을 향해
움직이거나 장애물을 피해 앞으로 나아갈 수 있답니다.
'라인트레이서'는 길을 따라가는 로봇이에요.
바닥에 그어진 검은 선을 따라 움직이지요.
'라인트레이서'는 적외선 센서로 길을 찾아요.

라인 트레이서는 센서가 바닥에 빛을 반사할 때와 흡수할 때의 차이를 전기신호로 바꿔요. 이때 각각 연결된 모터가 운동에너지로 바뀌면서 움직인답니다.

카이라이더W

카이레이서W
자료제공: (주)카이멕스

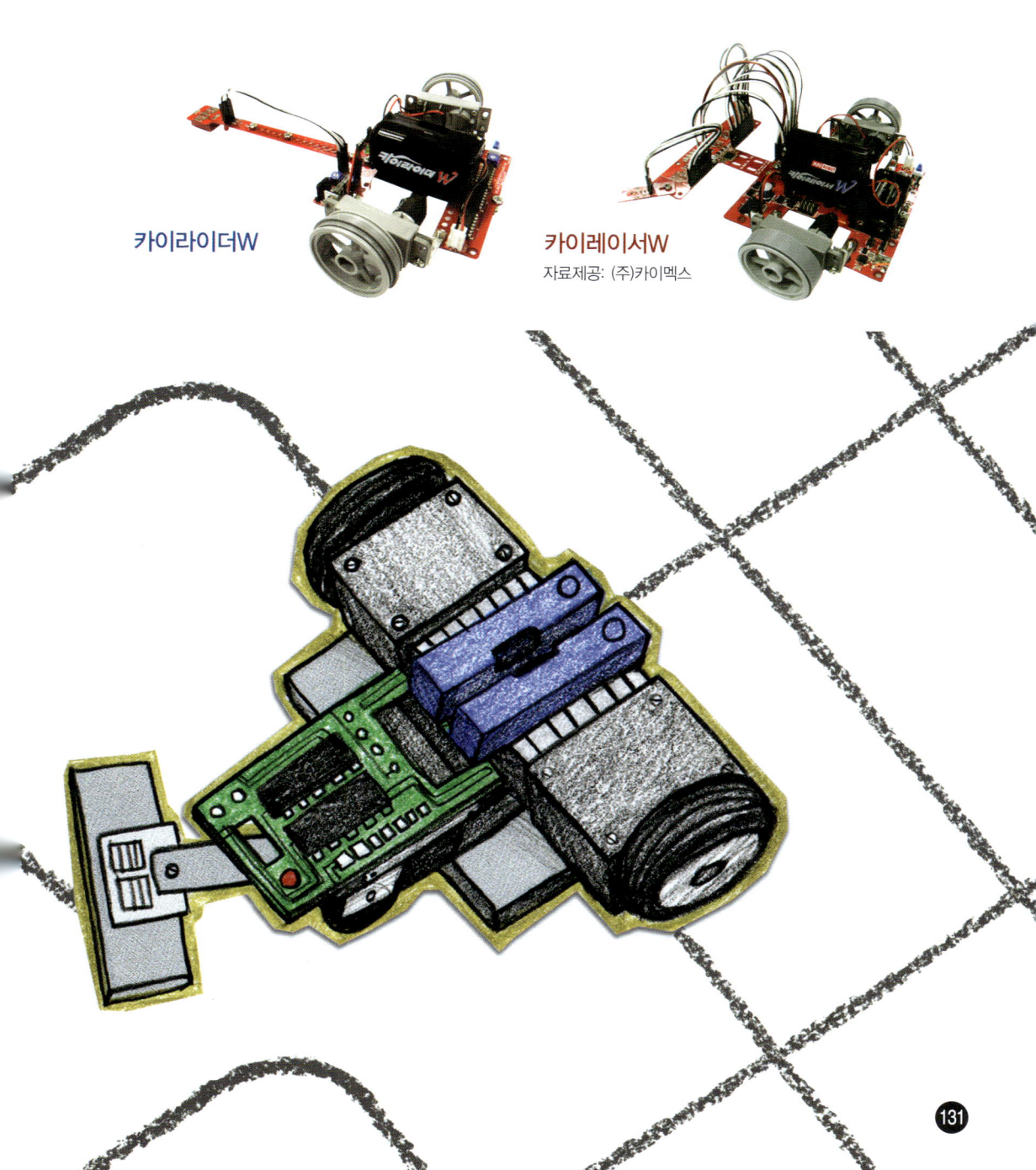

로봇들도 올림픽 경기를 하나요?

로봇 축구 선수들이 뛰는 축구 대회, 휴머노이드 로봇끼리의 격투 대회 외에도 유명한 로봇 스포츠 대회가 있어요. 바로 로봇들만의 올림픽인 국제로봇올림피아드랍니다. 국제로봇올림피아드 조직위원회에서 주최하는 국제로봇올림피아드는 1999년부터 열리고 있어요.

2장 · 신기한 로봇의 종류

국제로봇올림피아드에는
여러 가지 경기가 있어요.
로봇 미로 찾기, 장애물 경주,
로봇 축구 대회, 로봇 서바이벌,
로봇 응급구조 등이지요.
또 자유롭게 로봇을 만드는
로봇 창작 대회도 있어요.
과학을 좋아하는
어린이들이 로봇을
만들어 직접
참가할 수 있지요.

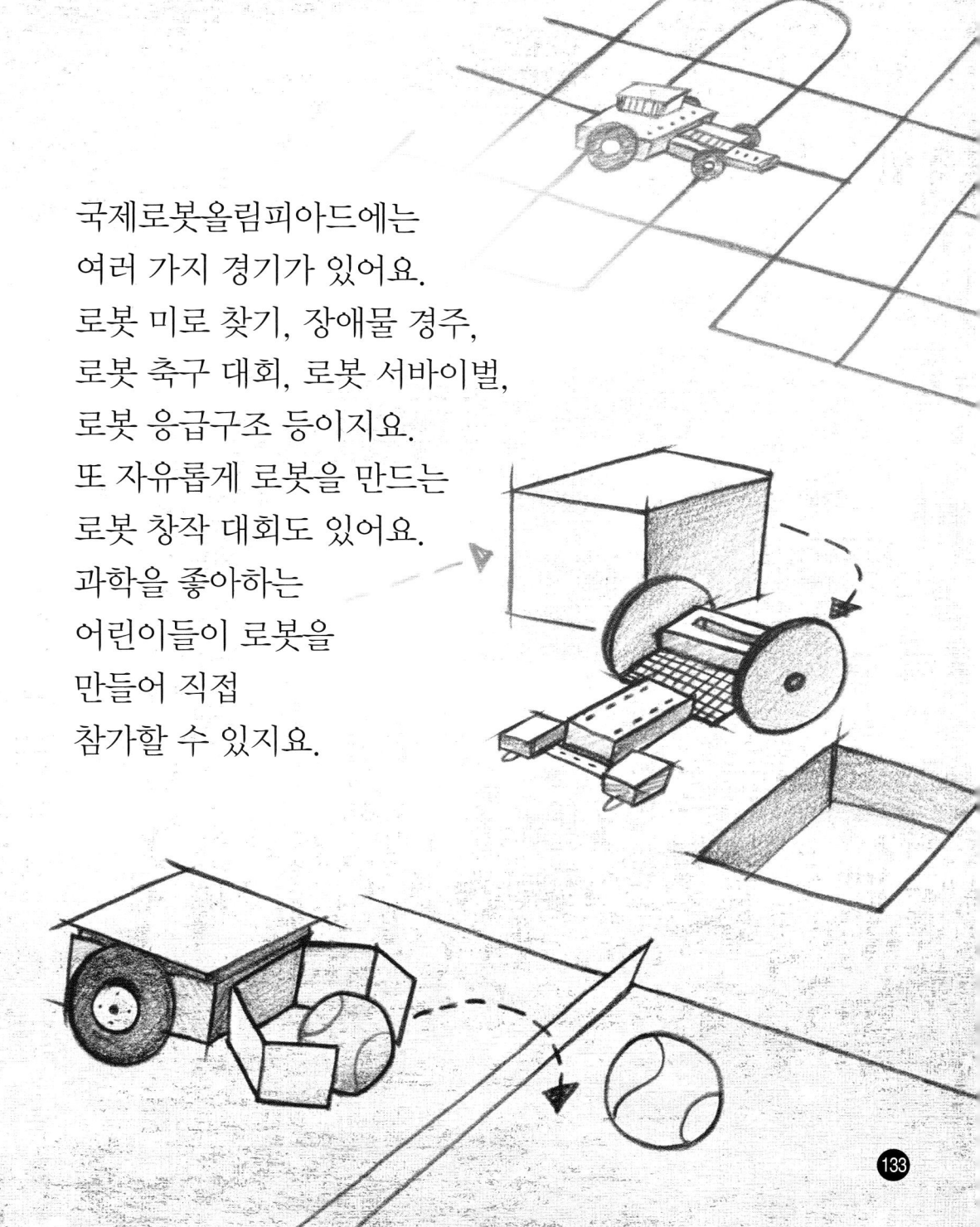

2장 · 신기한 로봇의 종류

검도 연습을 도와주는 로봇이 있어요?

키 163cm, 몸무게 70kg에 꼭 사람처럼 생긴
검도 로봇이 있어요.
이 로봇은 씩씩한 검도 로봇답게 이름도 '무사'랍니다.
검도 로봇 무사는 사람이 공격하면 받아치거나
막아 낼 수 있을 만큼 뛰어난 감각을 갖고 있어요.
또 칼로 내리쳐서 초는 그대로 둔 채로 촛불을
끌 수 있을 정도예요.
검도 로봇 무사는 검도를 배우려는 사람들의
연습을 도와주는 일을 맡고 있어요.
아무리 오랫동안 연습을 해도 지치지 않는 좋은
연습 상대이지요.

검도 로봇 '**무사**' 자료제공: 서울대학교 방영봉 교수

TIP

검도 로봇 '**무사**'는 칼에 가해지는 힘을 측정할 수 있는 센서를 가지고 있어요. 그래서 사람이 자신의 머리나 손목 등을 공격하면 실제 검도 선수처럼 적절히 반응해요. 그래서 사람과 검도 대결을 펼칠 수 있답니다.

Robot

3장 로봇의 현재와 미래

우리에게 즐거움을 주는 화가 로봇부터
힘든 일을 대신해 주는 경찰 로봇, 소방관 로봇까지
우리 생활 깊숙이 로봇이 들어와 있어요.
사람과 로봇이 서로 의지하며
살아가고 있지요. 아마 앞으로는 더 많은 일들을
로봇이 알아서 척척 해결해 줄 거예요.

곤충을 관찰하면서 로봇을 연구해요?

3장 · 로봇의 현재와 미래

과학자들은 로봇을 만들 때 살아 있는 생명체에서 많은 것들을 배워요. 그중에서도 특히 곤충에게서 많이 배워요. 곤충은 정말 다양하니까요. 작은 날개로 날아다니는 곤충을 보고 로봇에게 날개를 달고, 수많은 다리로 기어 다니는 곤충을 보고 로봇의 다리를 연구해요. 재빨리 움직이는 곤충을 보고 로봇의 관절을 생각하지요. 로봇이 생명체를 닮아가는 거예요. 이렇게 생명체와 비슷한 로봇을 만드는 것을 '생체 모방 과학'이라고 해요. 생체 모방 과학 덕분에 로봇은 날로 진화하고 있답니다.

날아다니는 곤충을 보고 로봇에게도 날개를 달아 줘요.

곤충의 다리를 보고 로봇 다리를 연구해요.

인공 근육처럼 늘어나는 섬유 '메탈머슬'로 만든 **나비 로봇**이에요. 박수 소리나 진동에 진짜처럼 날개를 퍼덕여요. 자료제공: (주)NT리서치

3장 · 로봇의 현재와 미래

바퀴벌레 로봇은 왜 만들었나요?

진짜 바퀴벌레만 해도 징그러운데,
바퀴벌레 로봇은 왜 만들었을까요?
재밌게도, 바퀴벌레 로봇 '인스봇'은 바퀴벌레를
없애기 위해 만들었답니다.
바퀴벌레 로봇은 실제 바퀴벌레처럼 생기진 않았지만
바퀴벌레처럼 움직이도록 프로그램화 되어 있어요.
그리고 바퀴벌레 로봇은 진짜 바퀴벌레들과
이야기를 나눌 수도 있어요.
"애들아, 나를 따라와!"
바퀴벌레 로봇은 바퀴벌레들을 밝은 곳으로 이끌어요.

어두운 곳에 숨어 있기 좋아하는
바퀴벌레들이 밝은 곳으로
우르르 나오면, 칙칙! 약을 뿌려
바퀴벌레를 잡는 거예요.

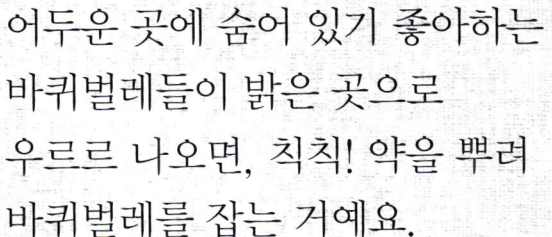

바퀴벌레 로봇과 진짜 바퀴벌레의 대화 나누기!
바퀴벌레 로봇이 바퀴벌레들과 이야기를 나눌 수 있는 건 페로몬 덕분이에요. 페로몬은 곤충들이 몸에서 뿜어내는 물질이랍니다. 말을 못 하는 곤충들이 서로 의사소통을 할 때 쓰이지요.

나는야, 인스봇!
얘들아, 나를 따라와!

감정을 느끼는 로봇이 있나요?

3장 · 로봇의 현재와 미래

분홍색 귀와 고무 입술, 껌벅거리는 눈, '키스멧'은 얼굴만 있는 로봇이에요. 그런데 그 얼굴이 보통이 아니랍니다. 키스멧은 즐거움, 슬픔, 화남, 두려움 등 여러 가지 감정을 갖고 있어요. 입술을 삐죽거리거나 화를 내기도 하고, 호기심 가득한 표정을 짓기도 해요. 키스멧의 뇌는 15개의 컴퓨터로 되어 있어요. 그래서 스스로 학습을 할 수 있고, 자신의 느낌을 표현할 수 있어요. 인형을 주면 좋아하기도 하지요. 키스멧은 감정을 가지고 있고, 사람과 사귀는 로봇이랍니다.

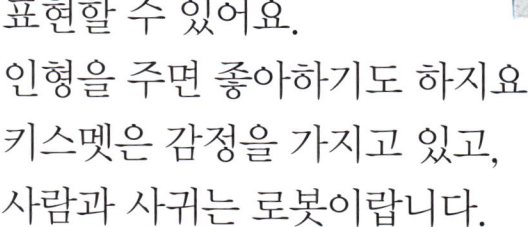

얼굴 로봇 '미스터 페이스'
미스터 페이스는 사람과 대화가 가능해요. 눈과 눈썹, 입 등에 20개의 모터가 있어 여러 표정을 짓는답니다.
자료제공: 부천로보파크

Robot

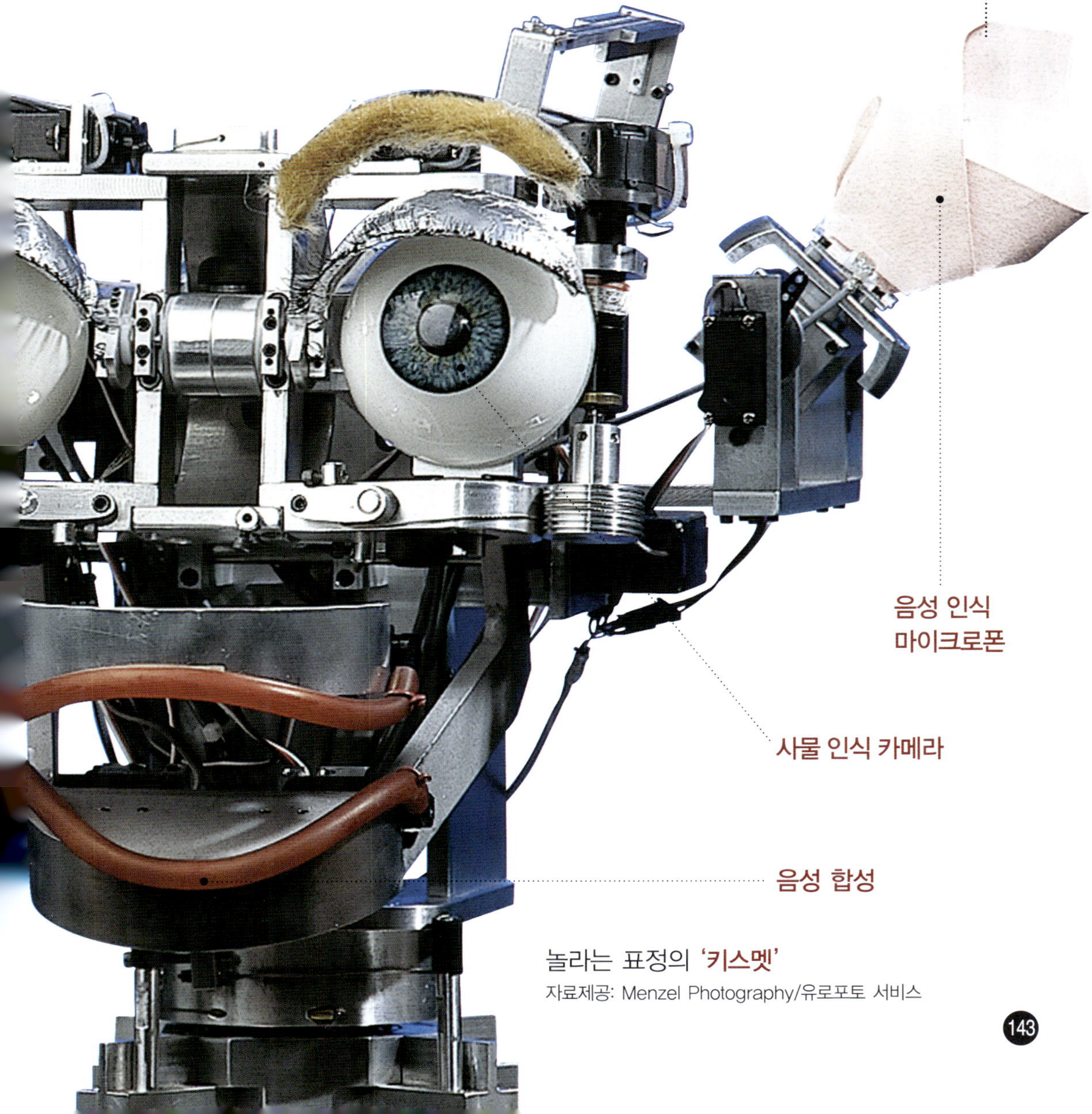

음성 인식 마이크로폰

사물 인식 카메라

음성 합성

놀라는 표정의 **'키스멧'**
자료제공: Menzel Photography/유로포토 서비스

화가 로봇이 있어요?

3장 · 로봇의 현재와 미래

멋지게 그림을 그리는 화가 로봇은
초상화를 척척 그려 내지요.
화가 로봇은 얼굴에 카메라 눈을 달고 있어요.
그 눈으로 사람의 얼굴을 잘 살펴본 다음에
생김새의 특징을 뽑아내요.

초상화를 그려 주는 화가 로봇 '픽토'

그리고는 로봇 팔에 "그림을 그려라."라는 명령을
내리지요. 로봇 팔은 종이에 쓱쓱쓱 그림을 그려요.
펜을 종이에 대고 세기를 자동으로 조절하며
동양화처럼 멋진 그림을 그려 낸답니다.
우리나라에는 '픽토'라는 이름의 화가 로봇이 있어요.

픽토가 그린 그림이에요.
자료제공: 부천로보파크

3장 · 로봇의 현재와 미래

로봇을 왜 공중에 띄울까요?

범죄자가 골목골목 도망치다가 쏙 숨어 버렸어요.
어떻게 찾아야 할까요? 로봇이 출동해요.
미국에는 연처럼 하늘에 띄워 범인의 위치를 알아내는
작은 정찰 로봇이 있어요. '스카이시어'라는 이 로봇은
불이 난 곳도 찾아내고, 미아를 찾아주는 일도 한답니다.
우리나라에도 공중에 띄우는 작은 정찰 로봇이 있어요.
크기가 팔뚝만 해서 좁은 곳도 쉽게 살피는
'호버링' 로봇이지요.
위험지역을 요리조리 살펴
사진을 찍어 보내 줄
호버링 로봇을 완성하느라,
우리나라의 로봇 박사들이
땀 흘리고 있어요.

소형 무인비행 로봇 '호버링 로봇'
자료제공: 한국생산기술연구원

3장 · 로봇의 현재와 미래

보안 로봇은 무슨 일을 해요?

보안 로봇 **'로미'**
자료제공: 한국전자통신연구원

　캄캄한 밤, 텅 빈 건물에 도둑이 들어온다면? 걱정 마세요. 보안 로봇이 지켜 줄 거예요. 보안 로봇은 도둑이 나타나면 먼저 경고를 하고, 재빨리 주인과 경찰에게 신고를 해요. 보안 로봇이 꼭 도둑만 잡는 건 아니에요. 건물 구석구석을 돌아다니면서 물이 새는 곳은 없는지, 유리창이 깨진 곳은 없는지, 보일러가 고장 나지는 않았는지 살펴보는 일도 한답니다. 우리나라에서 벌써 집을 지켜 주는 보안 로봇 '로미'가 만들어졌어요.

가정용 보안 로봇 '세리'
침입자를 감지하여 영상이나 문자를 휴대폰으로 보내 줘요.
자료제공: 모스트아이텍

3장 · 로봇의 현재와 미래

소방관 로봇이 왜 필요할까요?

실외 화재 진압
'소방 로봇'
원격 조정에 의해 움직여 대규모 화재를 진압하고 사람을 구조해요.
자료제공: (주)위아

큰 불이 나거나 엄청난 자연재해가 일어난 현장은
무척 위험해요.
소방관들은 목숨을 걸고 사람을 구해야 하지요.
미래에는 이처럼 위험한 소방관 일을 로봇이 대신할 거예요.
로봇은 불에 타지 않는 재료로 만들 수 있어요.
그러니까 위험에 빠지지 않고도 사람을 구할 수 있답니다.
문제는 로봇이 그렇게 빨리 움직일 수 있느냐 하는 거예요.
또 사고 현장에서 사람처럼 재빠른 판단을 해서 더 중요한
일부터 먼저 해낼 수 있을 만큼, 로봇의 지능이
발달해야만 해요.

우주인 로봇은 어떻게 생겼나요?

3장 · 로봇의 현재와 미래

미국항공우주국(NASA)에서는 우주인과 함께 우주탐사를 떠날 로봇, '로보넛'을 만들고 있어요. 로보넛은 그동안 우주탐사를 떠났던 로봇들과는 달리, 사람처럼 생긴 휴머노이드 우주인 로봇이에요. 로보넛은 머리, 몸통, 팔을 가지고 있고, 눈으로 앞을 볼 수도 있어요. 또 손에는 손가락도 다섯 개씩 달려 있어서 구두끈도 맬 수 있답니다. 로보넛은 우주에서 사람이 직접 하기 힘든 일을 대신해 주는 씩씩한 우주인이 될 거예요.

우주비행사 로봇 '로보넛'
자료제공: AFP/유로포토

파리를 먹는 로봇이 있어요?

3장 · 로봇의 현재와 미래

로봇이 움직이려면 에너지가 필요해요.
보통 로봇은 전기로 에너지를 만들어 움직여요.
그런데 파리를 먹고 에너지를 얻는 로봇도 있답니다.
영국에서 만들어진 '에코봇2'라는 로봇이에요.
이 로봇은 죽은 파리 속에 있는 세균을 먹어요.
미생물이 갖고 있는 에너지를 전기로 바꿔서 쓰는 거지요.
'에코봇2'는 8마리의 파리를 먹으면 5일 동안
움직일 수 있어요.

파리를 먹고
1시간에 10cm정도
움직여요.

파리를 먹고 1시간에
10㎝ 정도 아주 느릿느릿 움직이지요.
로봇이 파리를 먹고 살다니,
참 신기하지요?
이렇게 과학자들은 미생물 에너지를
쓰는 방법을 더 연구하고 있답니다.

민달팽이를 먹는 '슬러그봇'

영국 웨스트 잉글랜드대학은 농작물을 갉아먹는 민달팽이를 없애기 위해 슬러그봇을 만들었어요. 이 슬러그봇은 밭을 돌아다니며 시간당 무려 100마리가 넘는 민달팽이를 잡아먹어요. 그리고 달팽이에서 나오는 가스를 전기 에너지로 바꾸지요.

3장 · 로봇의 현재와 미래

미식가 로봇은 어떤 음식을 좋아할까요?

사람처럼 음식을 먹고 사는 로봇도 있어요.
미국에서 만든 미식가 로봇이에요.
미식가 로봇이 특히 좋아하는 음식은
고기예요. 평소에는 각설탕을 먹지요.
각설탕을 먹으면 완전히 소화해 찌꺼기도
남기지 않는답니다.
미식가 로봇은 몸속에서 음식을 분해해
전기를 만들어 내요. 그 힘으로 움직이지요.
그런데 미식가 로봇은 하는 일은 별로
없어요. 지능이 낮은 편이거든요.

하지만 미식가 로봇을 만드는 건
아주 중요해요. 로봇이 스스로 동력을
만들 수 있고, 차량에도 응용하는 방법을
연구하기 때문이지요.

TIP

미식가 로봇의 진짜 이름은 미식가라는 뜻이 담긴
'가스트로봇' 이에요. 4개의 바퀴가 달린 차 3대가 연결된
모양을 하고 있고, 별명은 '츄츄'랍니다.

하늘을 나는 로봇이 있나요?

3장 · 로봇의 현재와 미래

로봇을 만들어내기 시작하자, 사람들은 하늘을 나는 로봇도 만들고 싶어했어요. 그래서 과학자들이 하늘을 나는 로봇 비행기를 만들었어요. 사람이 타고 있지 않아도 되는 무인 비행기이지요. 로봇 비행기는 전쟁에서 혼자 하늘을 날며 전투를 하고, 날쌔게 적진을 파고들어 정보를 모아 왔어요. 또 사람들은 진짜 새처럼 생긴 로봇을 만들기 시작했어요. 우리나라에서도 로봇 새 '사이버드'가 있답니다. 사이버드는 날개를 퍼덕이며 진짜 새처럼 하늘을 날아다녀요.

로봇 새 **'사이버드'**
새의 날개 동작을 이용하여 만들었어요.

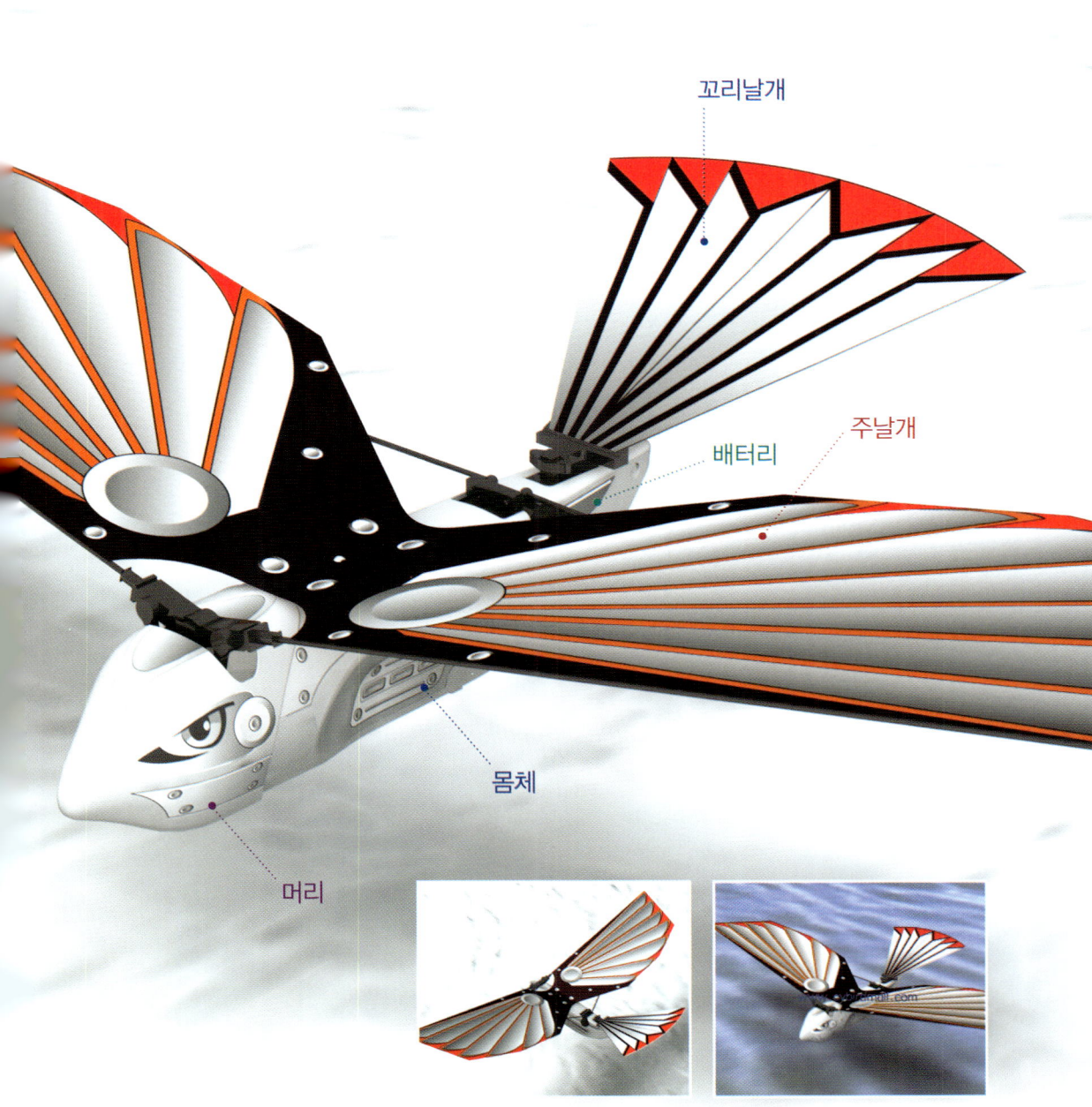

하늘을 비행하는 '사이버드' 자료제공: 다음카페-사이버드클럽

물 위를 걷는 로봇도 있어요?

3장 · 로봇의 현재와 미래

물 위를 겅중겅중 걸어 다니는 소금쟁이처럼,
물 위를 걷는 작은 로봇이 있어요.
생긴 것도 꼭 소금쟁이처럼 생겼답니다.
물 위를 걷는 로봇은 아주 가벼워요. 무게가 1g밖에
되지 않는답니다.
크기도 아주 작아요. 겨우 손톱만 한 크기이지요.
이렇게 작고 가볍지만 물에 떠내려가지 않고 버티거나
앞뒤로 움직일 수 있어요.
이 로봇은 물 위를 떠다니며 물이 오염되었는지 알아보고,
또 오염을 없애는 일을 해요.

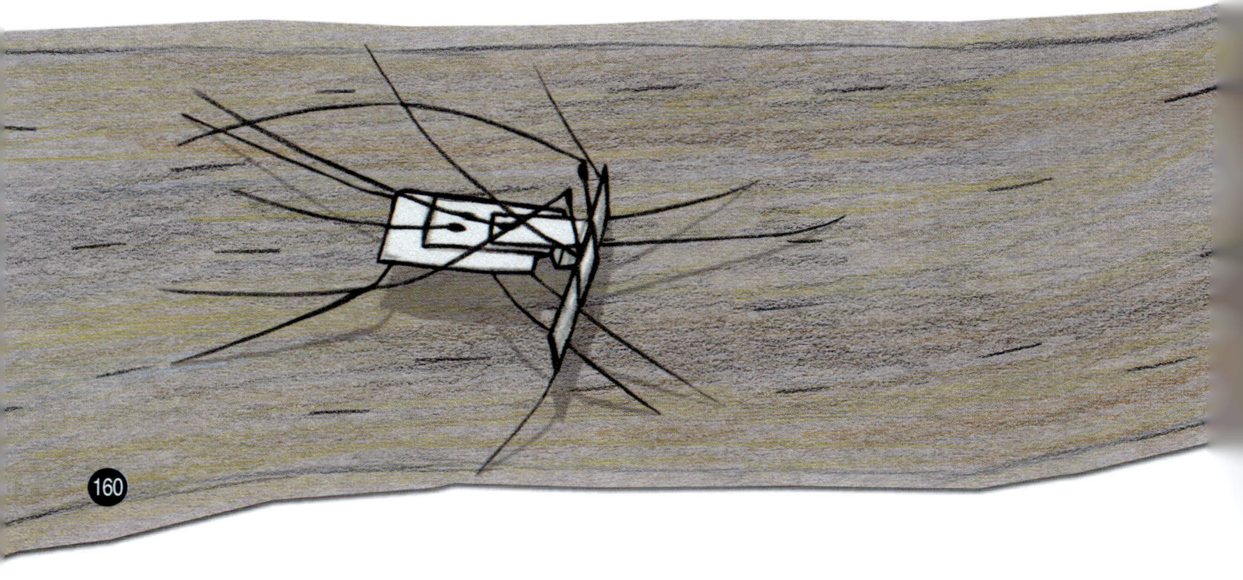

미국 카네기멜론대학교에서 **소금쟁이**가 물에 뜨는 원리를 연구해 로봇을 개발했어요. 자료제공: 연합뉴스

물고기 로봇은 무슨 일을 해요?

3장 · 로봇의 현재와 미래

물속을 마음껏 헤엄쳐 다니는 물고기 로봇도 있을까요?
미국의 매사추세츠공대, 그리고 일본의 기업에서
지금 활발하게 물고기 로봇을 연구하고 있어요.
물고기 로봇은 깊은 바닷속까지 누비며 탐험할 거예요.
물속에서도 녹슬지 않고,
높은 압력에도 버텨내야 하지요.
그래서 더욱 세밀한 기술이
필요하답니다.
물고기 로봇을 처음 연구하기
시작한 나라는 바로 우리나라예요.
조선해양공학을 연구하는 박사님과 학생들이
함께 물고기 로봇 '로피'를 개발했어요.
이제 곧 군사용 물고기 로봇과 교육용
작은 물고기 로봇이 나올 거예요.

물고기 로봇 '로피1.1'
수면에서 보통 물고기처럼 꼬리와 지느러미를 흔들어 헤엄치지요.
자료제공: 서울대학교 김용환 교수

덤불 로봇이 뭐예요?

3장 · 로봇의 현재와 미래

곧 식물처럼 생긴 덤불 로봇이 만들어질 거예요.
과학자들은 우주의 다른 행성을 조사할 때에
대비해 '덤불 로봇'을 만들려고 해요.
우주에서 자유롭게 움직이는 나무처럼 생긴 로봇이지요.
덤불 로봇은 수많은 가느다란 가지를 가지고 있어요.
수많은 가지들은 앞뒤 좌우로 자유롭게 움직여요.
가지에는 모두 센서가 달려 있고,
잎사귀에서는 곤충의 더듬이처럼 빛이나 온도를 느껴요.
덤불 로봇은 우주 개발의 개척자가 될 거예요.

우주 로봇의 등장!
우주 개발이 시작되면서 다양한 **우주 로봇**이 발명되고 있어요. 먼저 우주 기지가 건설되면서 우주에서 살게 되는 우주인들을 위해 그들이 필요한 옷, 음식, 건설 장비 등을 운반해 주는 심부름 로봇이 필요할 거예요. 또한 우주탐사, 우주 환경 분석 등을 할 수 있는 로봇들이 개발될 예정이지요.

로봇이 동물의 초능력을 배워요?

3장 · 로봇의 현재와 미래

로봇은 요즘 바빠요. 파리, 나방, 바닷가재, 도마뱀 등 여러 동물이 갖고 있는 뛰어난 능력을 배우기 때문이죠. 과학자들은 나방의 놀라운 냄새 맡기, 거센 파도에도 떠내려가지 않는 바닷가재의 다리, 날쌔게 벽을 기어오르는 도마뱀 등을 연구해요. 그런 능력을 가진 로봇을 만들려고 하는 거예요. 생물의 초능력을 배워 로봇을 만드는 일은 앞으로도 계속될 숙제랍니다.

전기신호에 의해 움직이는 '도롱뇽 로봇' 자료제공: 연합포토

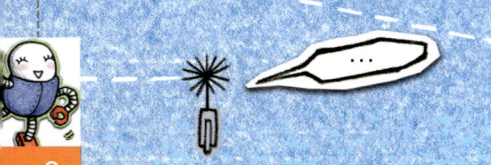

3장 · 로봇의 현재와 미래

똑똑한 먼지가 있어요?

똑똑한 먼지가 하늘을 뒤덮을 날이 다가오고 있어요. 똑똑한 먼지란, '스마트 더스트'라고 해요. 눈에 보이지 않을 만큼 작은 로봇이랍니다. 스마트 더스트는 주변 환경을 조사하는 파수꾼이에요. 이름처럼 똑똑한 먼지라서, 먼지들끼리 서로 정보를 나눌 수도 있어요.

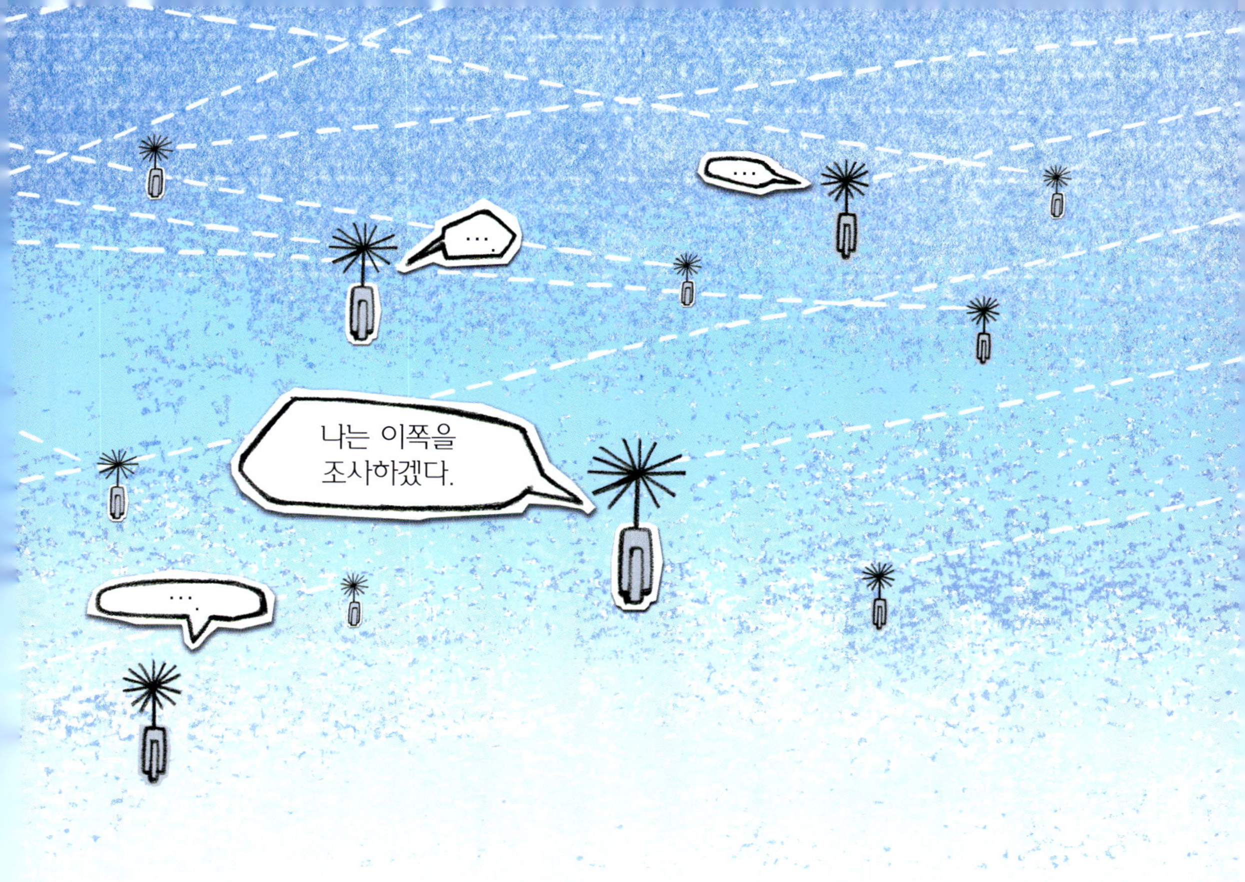

"나는 이쪽을 조사할게."
"그쪽 상황은 어때?"
이렇게 의논하며 일을 해요.

TIP

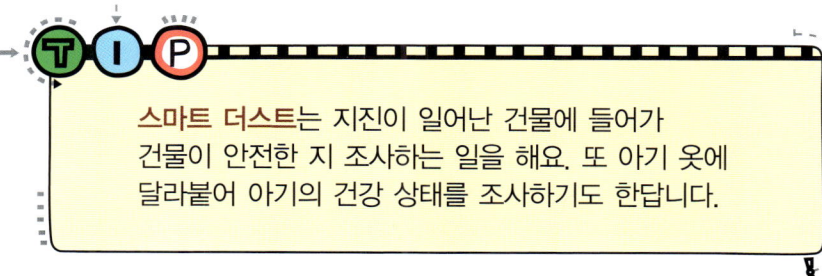

스마트 더스트는 지진이 일어난 건물에 들어가 건물이 안전한 지 조사하는 일을 해요. 또 아기 옷에 달라붙어 아기의 건강 상태를 조사하기도 한답니다.

자동차 로봇이 있어요?

3장 · 로봇의 현재와 미래

미래에는 자동차가 로봇이 되어서 운전해 줄 거예요.
'스마트 자동차', 똑똑한 자동차라고 하지요.
자동차에 올라타면 먼저 인사를 건넬 거예요.
"어디로 모실까요?"
목적지를 알려주면 스스로 길을 찾아가요.
사람은 가만히 앉아 있기만 하면 돼요.
지나는 곳에 대해 안내도 받을 수 있답니다.
어때요, 이만하면 똑똑한 자동차 로봇이라 할 수 있겠죠?

음성인식
운전자의 명령에 따라 창문을 내리고, 음악을 켜요.

GPS(위성항법장치)
인공위성을 이용해 현재의 위치를 확인해요.

전자식 자동차 제어
출발, 정지, 방향 바꾸기 등을 조정해요.

센서
차선과 날씨를 파악해요.

무선통신
휴대전화로 차문을 열거나 시동을 걸 수 있어요.

카메라
도로 상황, 장애물, 앞차와의 거리 등을 확인해요.

컴퓨터
영화 상연, 길 안내 등의 서비스를 제공해요.

• 지능형 자동차 '퀴노'의 구조
자료제공: 영남대학교 박용완 교수

아기 로봇은 왜 만들었나요?

3장 · 로봇의 현재와 미래

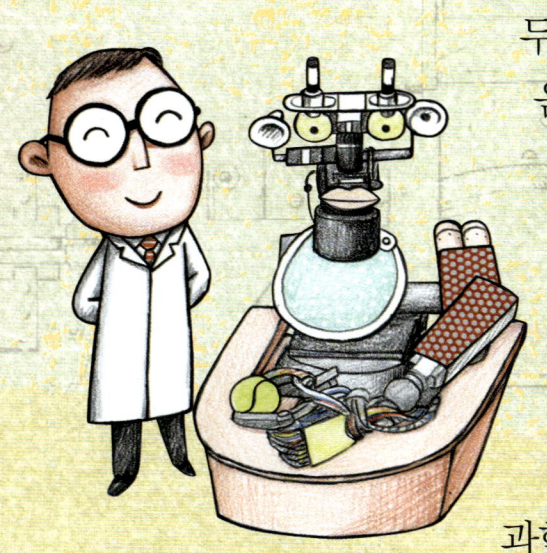

두 살배기 아기처럼 생각하고 움직이는 로봇이 있어요. 이름도 '베이비봇'이에요. 베이비봇은 진짜 아기들이 어떻게 생각하고 느끼고 배우는지 세세히 알아보려고 만든 아기 로봇이랍니다. 과학자들은 아기가 주위에 있는

사람처럼 배우는 **'베이비봇'**
베이비봇은 물건을 잡는 팔 하나와 카메라가 달린 눈 한 쌍을 가지고 있어요.
자료제공: 타임스페이스/Science Photolibrary

172

것들을 만질 때 어떤 느낌을 갖는지, 공을 한 손으로 잡을 수 있기까지 어떻게 배우는지 등을 연구하고 있어요.
베이비봇이 아기 대신 과학자들의 실험을 도와주는 거예요. 사람을 이해하기 위해 로봇을 만들어 연구하다니, 정말 재미있지요?

소형 휴머노이드 로봇 '베이비봇'
세살배기 크기의 작은 로봇이에요.

베이비봇은 이탈리아, 프랑스, 스위스 3개 나라 연구진이 공동으로 연구하여 개발했어요. 신경학과 심리학 등의 연구가 베이비봇 개발의 기초가 되었답니다.

3장 · 로봇의 현재와 미래

마이크로 로봇은 무슨 일을 해요?

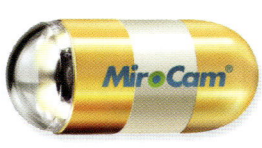

캡슐형 내시경
식도, 위, 소장, 내장의 모습을 찍어요.
자료제공: 인트로메딕

미래에는 병원에 가면 의사 선생님이 마이크로 로봇을 꿀꺽 삼키라고 할지도 몰라요. 비타민 알약만 한 작은 로봇을 마이크로 로봇이라고 해요. 목구멍부터 배 속을 사진 찍기 위해 로봇을 몸 안에 들여보내는 거예요.

마이크로 로봇은 사람 핏속을 돌아다니며 아픈 사람을 치료하기도 해요. 또 어떤 마이크로 로봇은 수도관 속으로 들어가 수도관의 문제를 찾아내요.
마이크로 로봇은 다양하게 사용된답니다.

마이크로 로봇, 수고 좀 해 줘!

종이로 로봇을 만들 수 있나요?

3장 · 로봇의 현재와 미래

깡통 로봇이라는 말도 있듯이, 로봇은 보통 금속으로 만들어요. 그러나 미래에는 꼭 금속이 아니어도 로봇을 만들 수 있어요. 얇고 가벼운 종이를 가지고 로봇을 만들 수도 있답니다. 종이 로봇은 종이에 흐르는 전기로 움직이는 로봇이에요.
'종이 로봇'은 잠자리 모양으로 만들어졌어요. 얇은 잠자리 날개를 만들기 위해 종이를 사용한 것이지요. 종이 날개에 전기가 흐르면, 날개가 부르르 떨려요. 그리고 그 힘으로 하늘을 난답니다.

종이 로봇은 가볍게 날아올라 교통 상황을 살펴요. 또 몰래 환경을 해치는 사람은 없는지 감시도 하지요. 그리고 먼 우주까지 날아가 탐사를 하는 로봇이 될 수도 있답니다.

자료제공: 인하대학교 김재환 교수

3장 · 로봇의 현재와 미래

옷처럼 입는 로봇이 있어요?

앞으로는 간단히 입는 로봇도 나올 거예요. 로봇 신발, 로봇 바지, 로봇 근육과 같은 것들이지요. 입는 로봇은 몸이 불편한 할머니와 할아버지, 환자에게 필요해요. 입는 로봇을 입으면 힘들이지 않고 일어서 걸을 수 있거든요.

또 무거운 짐을 나르는 사람도 입는 로봇을 입으면 수월하게 일을 해낼 수 있어요. 입는 방법도 간단해서 옷을 입듯이 그냥 쓱 입으면 돼요.

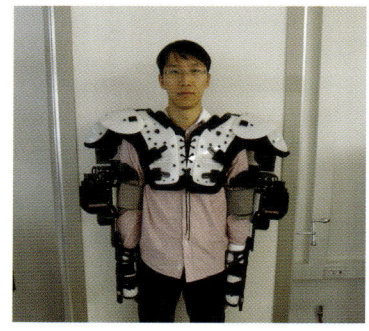

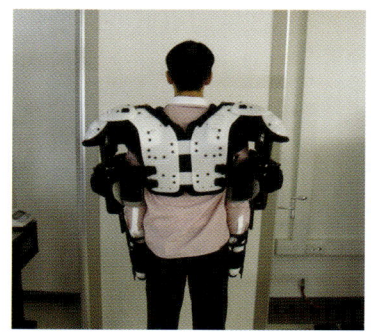

입는 로봇 '로보웨어2'
근력을 강화시켜 무거울 짐도 거뜬히 들어 올릴 수 있어요. 산업 현장, 재난 현장, 재활 등에 활용될 수 있어요.
자료제공: (주)NT리서치

입는 로봇 '슈바(SUBAR)'
2006년 대한민국발명 특허대전에서 국무총리상을 수상했지요.
자료제공: 서강대학교 전도영 교수

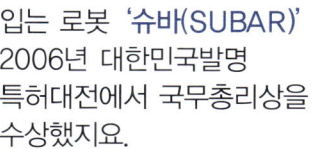

동력 발생 장치(모터)
센서가 알아낸 내용에 따라 무릎과 허벅지 관절을 움직이게 해 줘요.

지능형 캐스터워커(보행기)
'입는 부분' 외의 장치가 들어 있어요. 자동으로 움직이기 때문에 사용자가 밀며 움직일 때 힘들지 않아요.

동력 전달 장치
동력 발생 장치에서 만들어진 동력을 입는 부분에 전해 줘요.

입는 부분
무릎과 허벅지 부분의 움직임을 도와 마치 구름 위에 떠가는 것처럼 가볍게 걷게 해 줘요.

발바닥 센서
발바닥의 압력을 이용해 사용자가 어떻게 움직이려는지 알아내요.

휴대 전화 로봇은 무슨 일을 하나요?

3장 · 로봇의 현재와 미래

손안에 쏙 들어올 만큼 작지만, 휴대 전화는 여러 가지 일을 해요. 전화도 하고, 사진도 찍고, 음악도 듣고, 텔레비전도 봐요. 앞으로는 휴대 전화가 로봇으로 바뀔지도 몰라요. 배터리가 떨어지면 스스로 콘센트를 찾아가 충전하는 휴대 전화, 주인과 대화하는 휴대 전화, 걸어 다니는 휴대 전화, 홈 네트워크와 연결돼 집 안을 관리하는 휴대 전화 등 말이에요.

로봇 모양으로 변신하는
'로봇 휴대 전화'
일본에서 세계 최초로 로봇 휴대 전화를 만들었어요. 휴대 전화 본체가 몸통, 로봇 팔·다리가 장착되어 있고 액정 화면을 이용해 다양한 표정을 지을 수 있어요.
자료제공: AFP/유로포토 서비스

과학자들은 지금 이러한 휴대 전화를 개발하고 있답니다. 휴대 전화가 단순한 전화기를 넘어서 로봇이 되는 거예요.

로봇 세상이 올까요?

3장 · 로봇의 현재와 미래

미래에는 사람과 로봇이 함께 살아가는 것은 물론, 어쩌면 세상 자체가 로봇처럼 되어 있을지도 몰라요.
무슨 얘기냐고요?
집 안이나 거리 곳곳에 있는 물건들에 컴퓨터가 들어 있어 모든 곳에 로봇이 있는 것 같은 세상이 되는 거예요.
아침이면 먼저 냉장고 로봇이 인사를 건네며, 오늘의 날씨와 주인의 건강 상태를 알려 줘요. 현관문을 나서면 대기중인 엘리베이터가 알아서 문을 열어 주지요.
백화점에 가면 벽이 나에게 말을 걸어올지도 몰라요.
나에게 꼭 맞는 옷을 추천해 주려고요.

로봇 덕분에 세상은 점점 편하게 바뀌고 있답니다.

유비쿼터스 체험관
온 사방에 컴퓨터와 네트워크가 연결되어 세상이 로봇처럼 되는 것을 '유비쿼터스'라고 해요.
자료제공: 부천로보파크

로봇에게도 추억이 있을까요?

3장 · 로봇의 현재와 미래

로봇에게도 기억은 있을 수 있어요. 컴퓨터에 어떤 내용을 저장해 두었다가 다시 불러오는 것처럼, 로봇도 머리에 기억을 저장할 수 있지요. 로봇의 뇌는 컴퓨터니까요.

이미 여러 가지 감정을 느끼고 나타내는 로봇이 나왔어요.

미래 로봇은 점점 복잡한 감정을 느낄 수 있을 거예요.
"어제는 주인이 날 욕해서 기분이 참 나빴지."
아침에 일어나 이런 생각을 하는 로봇도
나올 수 있답니다.

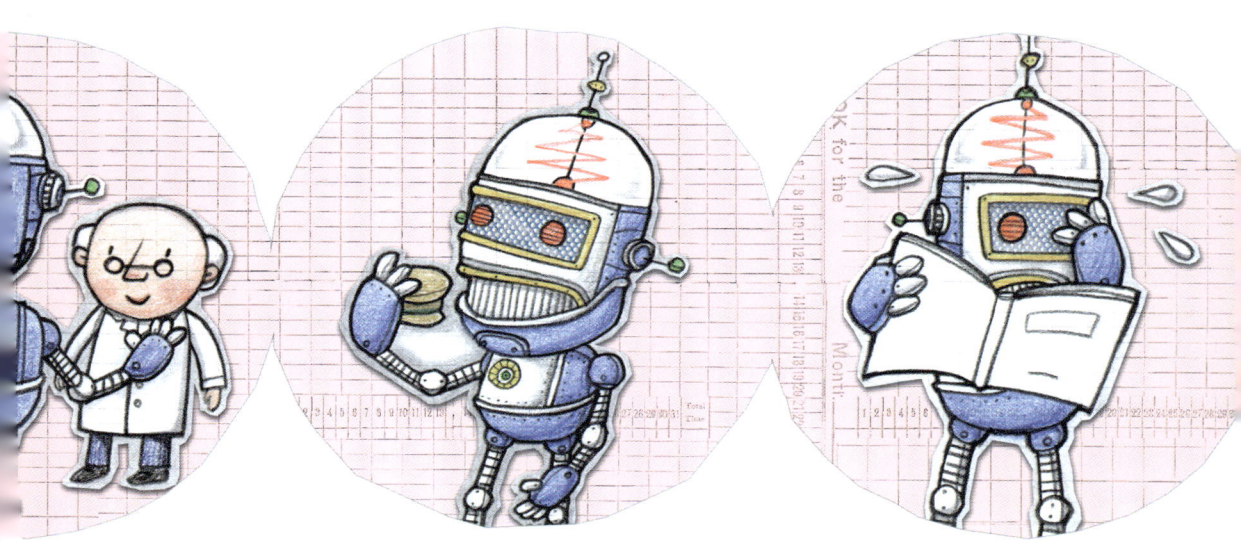

그렇게 되면 로봇은 추억도 가질 수 있을 테지요.
기뻤던 기억, 슬펐던 기억이 바로 추억이니까요.

로봇이 사람을 지배할 수 있을까요?

3장 · 로봇의 현재와 미래

미래 세상에 로봇들이 아주 많아지면 로봇 반란을 일으켜 사람을 지배하는 건 아닐까요?
영화에서처럼 나쁜 바이러스가 퍼진 로봇들이 사람들을 마구 해치면 어쩌죠? 아마 그렇지는 않을 거예요.
왜냐하면 그때는 이미 로봇과 사람이 뒤섞여 있을 테니까요.
사람, 로봇, 사이보그가 함께 살아가지요.
그때는 사람이냐, 로봇이냐 딱 편을 가르기도 힘들어요.
사람과 로봇의 구분도 흐릿해지지요.

미래에서 사람과 로봇 구별하기!
사람과 같은 생명체와 **로봇의 다른 점**은 자식을 낳을 수 있느냐 없느냐 하는 것이지요. 기계로 만들어진 로봇은 당연히 자식을 낳을 수 없어요. 그런데 로봇 과학자 한스 모라벡은 2040년쯤이면 로봇이 스스로 로봇을 만들 수 있을 거라고 이야기했답니다. 설계부터 만드는 일까지 모두 로봇 스스로 하는 거예요.

3장 · 로봇의 현재와 미래

로봇이 잘못하면 어떻게 해요?

세상에 수많은 로봇들이 돌아다닌다면 문제가 생길 수도 있어요. 로봇이 일을 하다 실수로 사람을 다치게 한다면 그 로봇을 어떻게 해야 하죠? 그렇다고 로봇을 부숴 버릴 수도 없잖아요. 교통사고를 일으켰다고 자동차를 부숴 버리는 것처럼 우스꽝스러운 일이니까요.

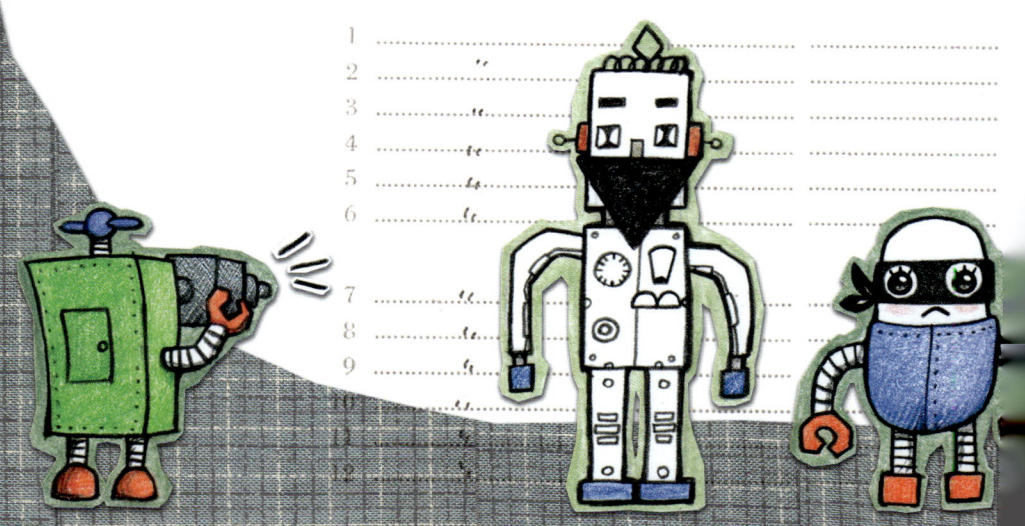

로봇도 거짓말을 할까요?

3장 · 로봇의 현재와 미래

로봇과 함께 사는 편리한 세상이 왔는데,
로봇이 슬슬 사람에게 거짓말을 하면 어떡하죠?
스위스의 과학자들은 로봇 연구를 하다가
로봇이 거짓말을 하는 걸 발견했어요.
그 로봇의 이름은 '에스봇'이에요.

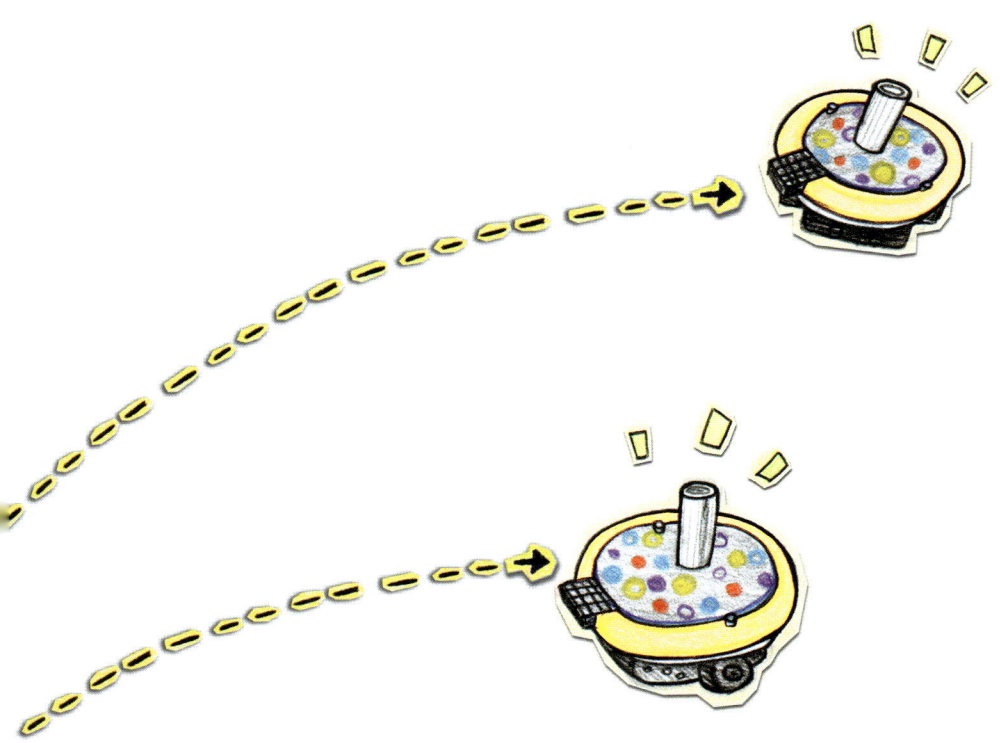

에스봇은 음식과 독을 구별하여 다른 로봇들에게
얘기를 해 주는 실험을 하고 있었어요.
에스봇끼리는 서로 색깔로 얘기를 나눈답니다.
한 로봇이 음식을 발견하면 파란색을 내요.
그러면 다른 로봇들이 음식에 모여들지요.
실험이 거듭되자 똑똑해진 에스봇이 거짓말을 했어요.
음식을 보고도 독이라고 신호를 보낸 거예요.
마치 맛있는 음식을 혼자 다 먹으려고 거짓말을
하는 것 같지요?

Robot

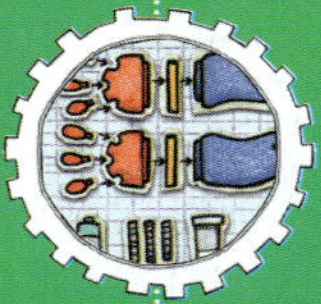

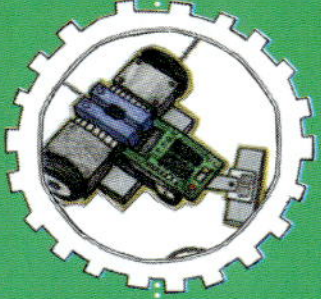

4장

내 친구 로봇 만들기

로봇 친구가 있으면 얼마나 좋을까요?
심심할 때 같이 놀아 주고, 심부름도 대신해 주고,
어려운 숙제도 도와주고…….
생각만으로도 기분이 좋아져요. 이렇게 우리와
가장 가까운 곳에서 친구가 되어 줄 수 있는 로봇을
내 손으로 직접 만들어 보아요.

로봇을 만들려면 어떤 공부를 해야 해요?

4장 · 내 친구 로봇 만들기

생물공학

동물이나 사람과 비슷한 로봇을 만들려면
생물에 대해서도 잘 알아야 하지요.
생물공학은 어떻게 하면 로봇이 생물처럼
움직일 수 있을까 연구하는 분야예요.

센서공학

센서는 사람의 감각에 해당하는 것이에요.
로봇이 보고 듣고 느낄 수 있으려면
센서가 꼭 필요해요.
센서공학은 센서를 연구하는 공부예요.

의지공학

의지공학은 인공 팔다리에 관한 공부예요.
팔다리가 없는 사람을 위해서
팔다리를 대신 할 기계를 연구해요.
팔다리를 자유롭게 움직이는 로봇을 만들려면
의지공학에 대해 잘 알아야 한답니다.

인공지능

로봇이 똑똑해지려면 인공지능이 발달해야 해요. 스스로 배우고 생각하는 로봇을 만들기 위해서는 인공지능에 대해 공부해야 해요.

기계공학

로봇 구조를 설계하고 움직임이 자유로운 튼튼한 로봇을 만드는 기술이에요. 로봇에 근육과 같은 역할을 하는 구동기, 감속기 등을 연구하지요.

전자공학

로봇의 뇌에 해당하는 초소형 컴퓨터를 연구해요. 또 각 부분에 신호를 전달하는 네트워크 기술, 구동기를 작동시키는 기술도 등도 연구해요.

제어공학

로봇이 쓰러지지 않고 잘 움직이고, 사물과 부딪치지 않게 하거나 적절히 힘을 조절하여 안전히 움직이게 하는 기술을 연구해요.

4장 · 내 친구 로봇 만들기

어린이가 로봇을 만들 수 있어요?

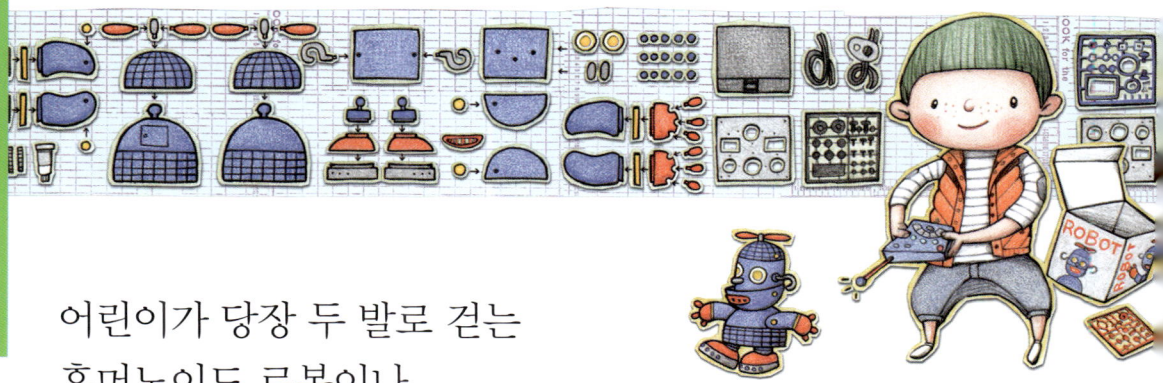

어린이가 당장 두 발로 걷는
휴머노이드 로봇이나
스스로 생각하는 진짜 똑똑한 로봇을 만들기는 힘들지만,
키트로 간단한 로봇을 만들 수 있어요.
키트는 로봇을 만드는 한 꾸러미의 재료들이에요.
로봇을 직접 만들어보면서 로봇에 대해 배울 수 있는
교육용 로봇 키트들이
많이 있답니다.
하나의 키트로 여러 종류의
로봇을 만들 수도 있어요.

교육용 로봇 키트

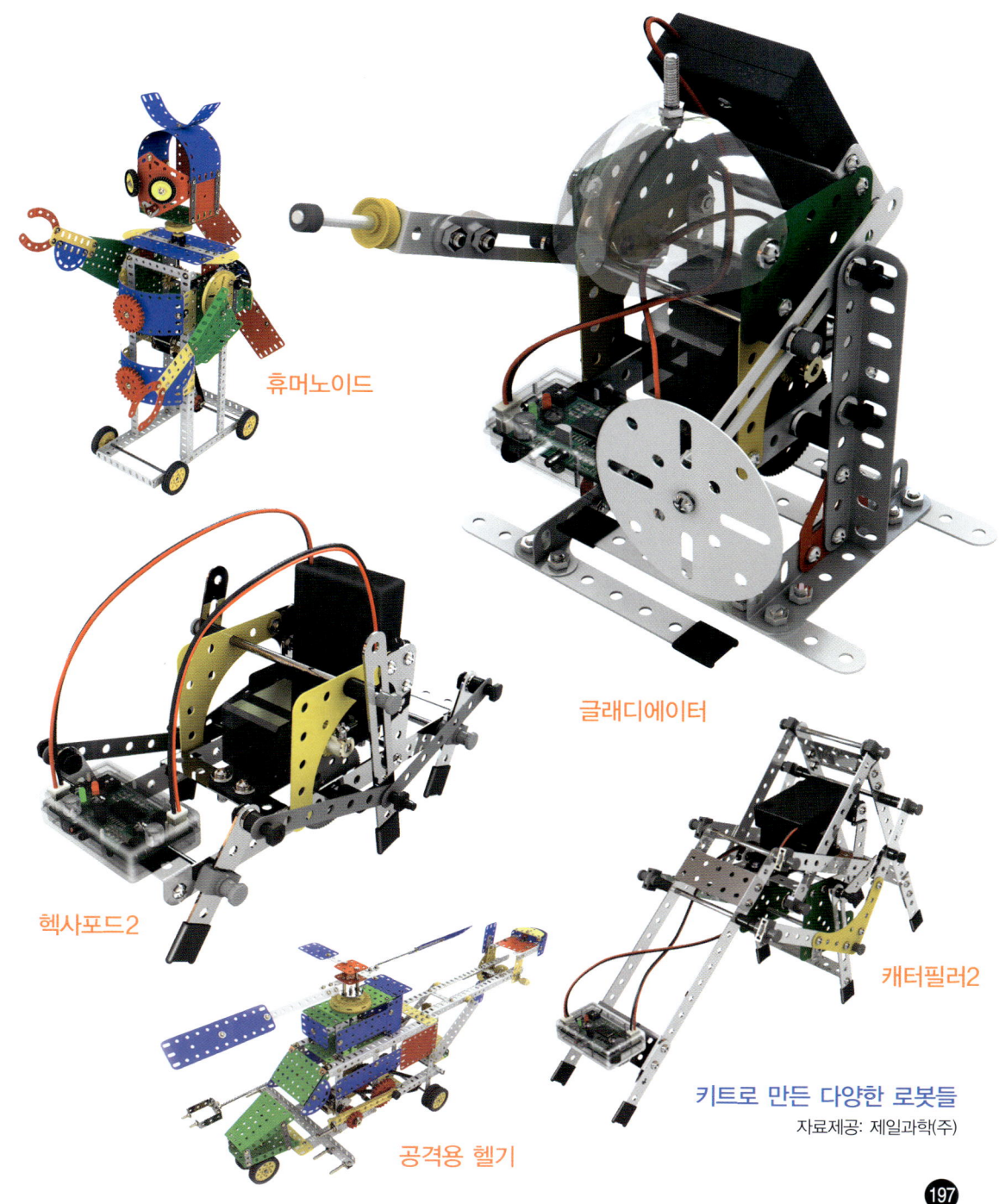

키트로 만든 다양한 로봇들
자료제공: 제일과학(주)

4장 · 내 친구 로봇 만들기

로봇 키트는 어떻게 구성되어 있나요?

회로보드

사람의 뇌에 해당하는 부분이에요.
로봇의 뇌를 이루는 부품이지요.
회로보드는 컴퓨터 속에 들어 있는 칩처럼 생겼어요.
컴퓨터와 연결해 여러 가지 명령을 내릴 수도 있어요.

모터

로봇이 움직일 수 있게 하려면 모터가 필요하지요.
전기를 에너지로 바꾸어 줘요.

통신

로봇을 조종하기 위한 조종기도 필요해요. 로봇 속에 들어 있는 회로보드와 통신을 주고받아 로봇을 움직이게 하지요.

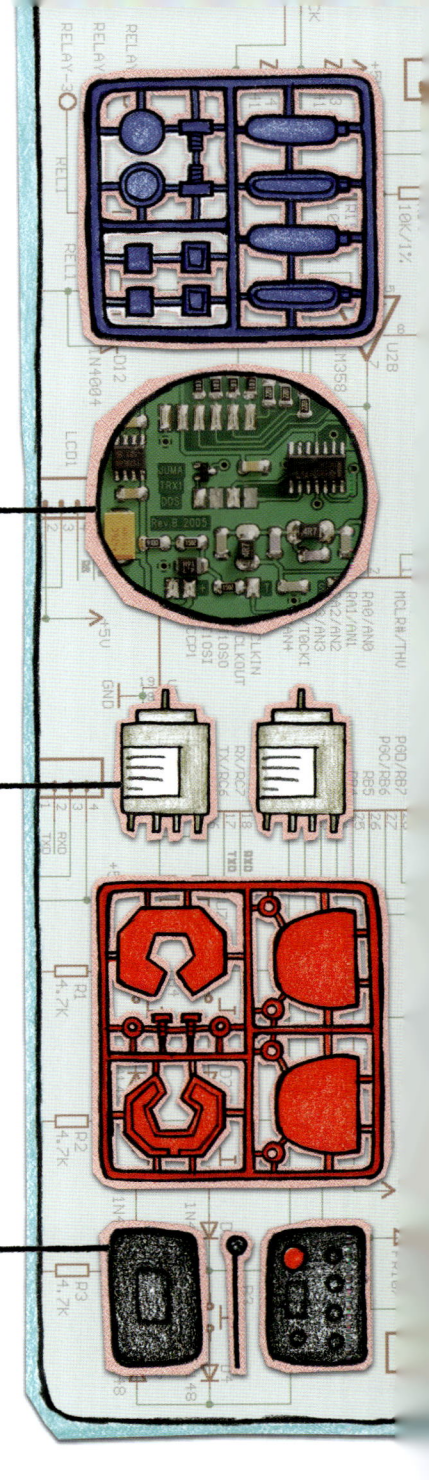

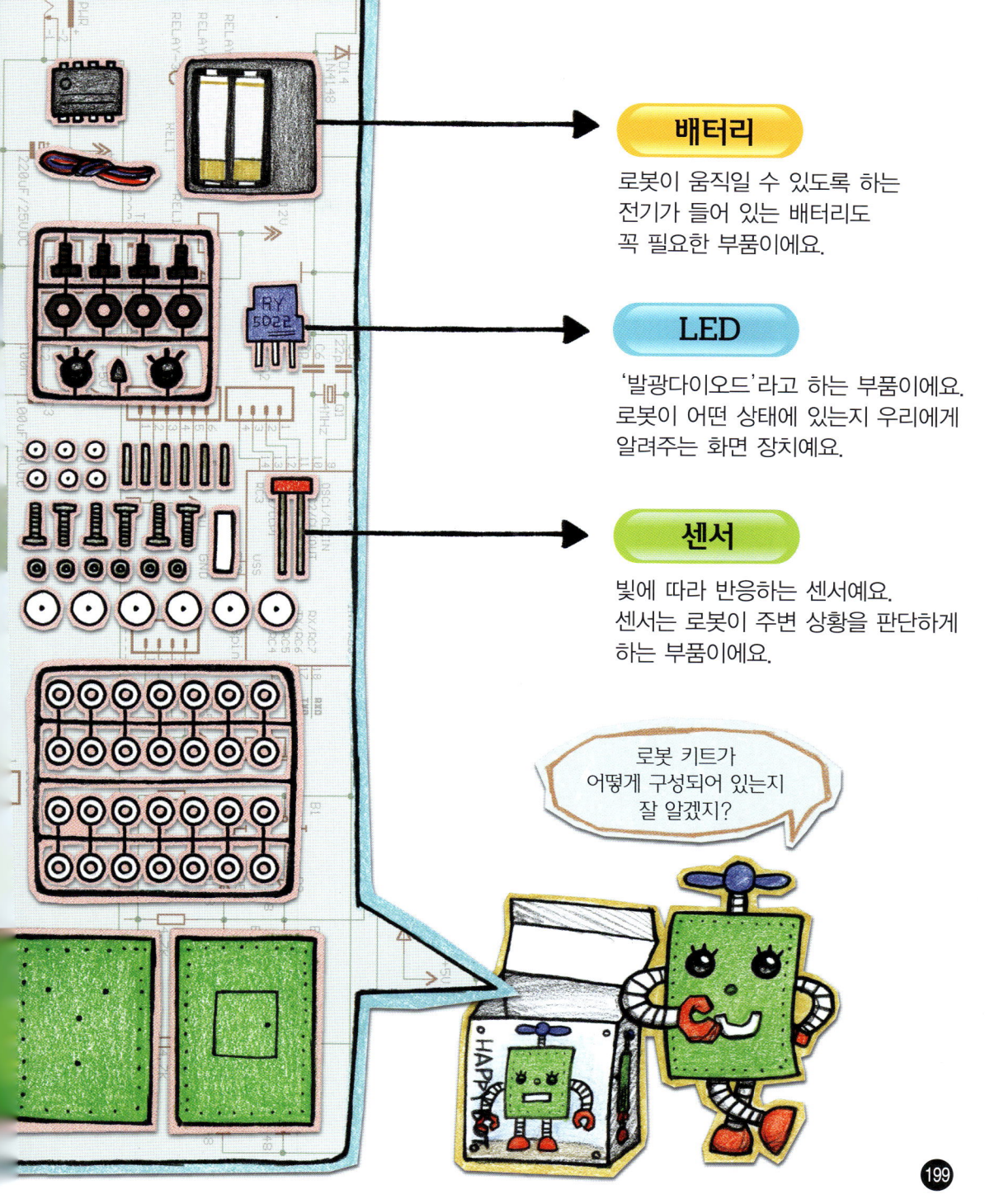

배터리

로봇이 움직일 수 있도록 하는 전기가 들어 있는 배터리도 꼭 필요한 부품이에요.

LED

'발광다이오드'라고 하는 부품이에요. 로봇이 어떤 상태에 있는지 우리에게 알려주는 화면 장치예요.

센서

빛에 따라 반응하는 센서예요. 센서는 로봇이 주변 상황을 판단하게 하는 부품이에요.

로봇 키트가 어떻게 구성되어 있는지 잘 알겠지?

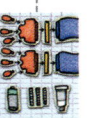

4장·내 친구 로봇 만들기

키트로 어떤 로봇을 만들어요?

조립을 어떻게 하느냐에 따라 키트 하나로
여러 가지 로봇을 만들 수 있어요.
깜박깜박 불을 밝히는 로봇, 춤을 추는 로봇, 바퀴로
굴러다니는 로봇, 장애물을 피해 다니는 로봇, 곤충을 닮은
로봇, 싸움을 하는 로봇 등 많은 로봇들을 만들 수 있답니다.

강아지　　　거미　　　공룡

다리　　　집게차　　　포크레인　　　휴머노이드

자료제공: (주)로보티스

로봇에게 어떻게 명령을 내려요?

4장 · 내 친구 로봇 만들기

로봇은 어떻게 생각하고 움직일까요?
자동기계라고도 할 수 있는 로봇은
'회로보드'에 들어 있는 명령에 따라 움직여요.
회로보드는 컴퓨터에 쓰이는 것처럼 작은 반도체 칩으로
만들어져 있어요. 그 안에 사람이 미리 명령을 저장해
놓는답니다. 컴퓨터를 움직이는 것과 같은 원리예요.
만약 새롭게 다른 명령을 내리고 싶으면, 회로보드를
컴퓨터와 연결해서 새 명령을 넣어 주면 돼요.
회로보드는 로봇의 작은 뇌라고 할 수 있지요.
로봇을 다 만든 다음에는 조종기로 조종을 해서
로봇을 움직여요.

전세계 어디서든 조종이 가능한 로봇!
영국 런던 '토이 페어'에서 선보인 **'스파이키 로봇'**은
인터넷을 통해 전세계 어디에서든지 조종이 가능해요.

4장 · 내 친구 로봇 만들기

로봇 만들기 대회도 있어요?

꿈과 희망을 키워 주는 로봇 축제에서는
로봇 만들기 대회가 열린답니다.
대학교나 과학관에서 로봇 대회를 열어요.
방학이면 어린이들을 위한 대회도 있어요.
또 온 가족이 함께 모여 로봇을 만들 수 있는
가족 대회도 있답니다.
그중에서도 인기 있는 로봇 만들기 대회는,
'국제로봇올림피아드'와
'전국학생로봇경진대회'에 속해 있어요.
독특한 나만의 로봇을 만들어
로봇 대회에 나가 보는 것은 어때요?

TIP

'전국학생로봇경진대회'는 로봇을 통해 꿈을 키우고 미래를 준비하는 로봇축제의 마당이지요. 2004년부터 해마다 열리는 이 대회 종목에는 로봇창작, 로봇주행, 무선 로봇조종(시범종목) 등이 있지요.

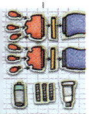

어디에 가면 로봇을 만날 수 있나요?

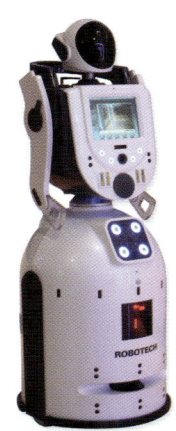

안내 로봇
'로보X-1'

경기도 부천에 우리나라 최초의 로봇테마파크인 '로보파크'가 있어요. 로보파크에 가면 화가 로봇, 댄스 로봇, 안내 로봇 등 여러 가지 로봇을 만날 수 있어요. 그리고 직접 조립을 하며 로봇 만들기도 배울 수 있답니다.

TIP
우리나라는 로봇 강대국을 만들기 위해 인천과 마산에 '로봇랜드'를 만들 예정이에요. 로봇랜드에는 로봇 쇼핑몰, 로봇 수족관, 로봇 연구실, 로봇 왕국 등이 만들어질 거예요.

또한 춘천로봇체험관에서도 로봇을 만날 수 있어요. 앞으로는 더 많은 곳에서 로봇을 만날 수 있을 거예요.

격투 로봇

로보노바

자료제공: 부천로보파크

미스터 페이스

4장 · 내 친구 로봇 만들기

어린이 과학백과 시리즈
초등 교과 연계표

책 명	학년-학기	교 과	단 원
인체백과	2-1	봄2	1. 알쏭달쏭 나
	6-2	과학	4. 우리 몸의 구조와 기능
곤충백과	2-1	여름2	2. 초록이의 여름 여행
	3-1	과학	3. 동물의 한살이
	5-1	과학	5. 다양한 생물과 우리 생활
로봇백과	3-1	국어	2. 문단의 짜임
	3-1	과학	2. 물질의 성질
동물백과	3-1	과학	3. 동물의 한살이
	3-2	과학	2. 동물의 생활
	5-1	과학	5. 다양한 생물과 우리 생활
호기심백과	2-1	봄2	1. 알쏭달쏭 나
	3-1	과학	5. 지구의 모습
	5-2	과학	3. 날씨와 우리 생활
바다해저백과	3-1	과학	5. 지구의 모습
	3-2	과학	2. 동물의 생활
공룡백과	3-2	과학	2. 동물의 생활
	4-1	과학	2. 지층과 화석
전통과학백과	1-2	겨울1	2. 여기는 우리나라
	3-1	과학	2. 물질의 성질
	3-2	사회	2. 시대마다 다른 삶의 모습
우주백과	3-1	과학	5. 지구의 모습
	5-1	과학	3. 태양계와 별
장수풍뎅이 사슴벌레백과	2-1	여름2	2. 초록이의 여름 여행
	3-1	과학	3. 동물의 한살이
파충류백과	3-1	과학	3. 동물의 한살이
	3-2	과학	2. 동물의 생활
	5-1	과학	5. 다양한 생물과 우리 생활
벌레잡이·희귀 식물백과	1-1	봄1	2. 도란도란 봄 동산
	4-1	과학	3. 식물의 한살이
	4-2	과학	1. 식물의 생활
세계 최고·최초백과	3-1	과학	5. 지구의 모습
	5-1	과학	3. 태양계와 별
	6-2	사회	1. 세계 여러 나라의 자연과 문화
발명백과	3-1	과학	2. 물질의 성질
	4-2	과학	3. 그림자와 거울
드론백과	3-1	과학	2. 물질의 성질
	5-2	과학	4. 물체의 운동
인공지능백과	4-1	과학	1. 과학자처럼 탐구해 볼까요?
	5	실과	6. 나의 진로
	6	실과	3. 생활과 소프트웨어 4. 발명과 로봇